Melissa Bónya

Schönheit
aus der
Hexenküche

Widmung

Ein herzliches Dankeschön
an Frau Prof. Dr. Petra Rommelfanger
aus Nürnberg, in deren Heilpraktikerschule
die ersten Gedanken in mir wach wurden,
Bücher wie dieses zu schreiben.

Wichtiger Hinweis

Dieses Buch ist kein medizinisches Fachbuch! Die hierin enthaltenen Informationen sind allgemeiner Art und nicht auf individuelle Beschwerden bezogen. Weder die Autorin noch der Verlag können irgendeine Haftung für eventuelle Unverträglichkeiten der hierin enthaltenen Ratschläge übernehmen. Wir empfehlen, im Zweifelsfall einen Fachmann oder eine Fachfrau zu Rate zu ziehen.

© Smaragd Verlag, 57614 Woldert (Ww.)
www.smaragd-verlag.de
Deutsche Erstausgabe Februar 2001
Cover: XPresentation, Boppard
Nach dem Bild *Venus Verticordia*
von David Rodgers Rossetti
Satz: DTP-Service-Studio, Rheinbrohl
Printed in Czech Republic
ISBN 3-934254-25-X

Inhalt

Ein schöner Anblick - das naturgepflegte Gesicht ...

Welche Frau träumt nicht von einem glatten, schönen und möglichst faltenlosen Teint? Liegt es doch in der Natur eines jeden weiblichen Wesens, bis ins hohe Alter hinein attraktiv und – vor allen Dingen – jugendlich frisch aussehen zu wollen!

Speziell in der heutigen Zeit, in der gepflegtes Aussehen wichtiger geworden ist denn je, fühlt man sich beinahe schon unter Druck gesetzt - bedingt durch die unzähligen Beautys in den Medien - wenn man nicht dem „gängigen" Schönheitsideal entspricht!

Erst recht dann, versteht sich, wenn man bei einem kritischen Blick in den Spiegel auch noch die ersten „Zeichen der Zeit" in seinem Gesicht entdeckt!

Ja ...da sind sie plötzlich! - kleine, feine Fältchen, die dem Gesicht ein etwas „müdes Aussehen" verleihen. Sicherlich, zuerst sind sie kaum sichtbar, aber dann, irgendwann, nur noch mit großer Selbsttoleranz zu übersehen! - die kleinen und leider Gottes unvermeidbaren feinen Linien, die sich – ohne daß man sich dessen so recht bewußt war - so nach und nach ins Leben schlichen und sich ausgerechnet d o r t völlig ungeniert plazierten, wo jeder sie gleich sehen kann (wie man meint!).

Ich denke, spätestens dann macht es sich unaufhaltsam breit bei den meisten der Frauen, dieses latent vorhandene Gefühl von Unbehagen, bei manchen sogar hin bis zur Panik, wenn man bis dahin nicht gelernt hat, sich so zu lieben, wie man ist ...

Doch auch eine Frau mit ausgeprägtem Selbstwertgefühl wird nicht gerne tatenlos zusehen, wie die Frische ihrer Jugend langsam aber sicher schwindet!

Und d a s dürfte dann auch der Zeitpunkt im Leben einer Frau sein, in dem gerade all jene, die von Natur aus nicht gerade zu den mit äußerlicher Schönheit Gesegneten gehören, mit der hektischen Suche beginnen - nach einem möglichst wirkungsvollen „Gegenmittel" im Kampf um die schwindende Jugend!

Koste dieser Kampf, was er wolle ...

Doch selbst die echten Schönheiten unter den weiblichen Wesen, - jene, von denen man glaubt, sie seien die leibhaftige Verkörperung einer Aphrodite oder eine zu Fleisch und Blut gewordene Venus, - werden sich ebenfalls irgendwann mit dem „Problem" des Alters auseinandersetzen müssen und sicherlich nicht weniger darunter zu leiden haben als die anderen!

Was wird nicht alles unternommen und – was läßt man sich das nicht alles kosten, um dem „Zahn der Zeit" mittels Chemie oder anderen wahren Wundermitteln der Kosmetikindustrie ein Schnippchen zu schlagen - wenigstens ein ganz kleines!

Und schon kann es losgehen, mit den neu erworbenen Schönheitsmitteln fürs Gesicht!

Man beginnt voller Vorfreude und hofft auf das viel gelobte Ergebnis, was diese oder jene Creme bewirken soll! Man hat das „Wundermittel" mit Feuereifer und absoluter Konsequenz ausprobiert, um spätestens nach einigen Monaten festzustellen, daß die versprochene Faltenreduzierung von mindestens 20, 30 oder gar 50%!! – nur bei anderen Frauen zu funktionieren scheint!

Die Enttäuschung ist entsprechend groß - denn bei einem selbstkritischen Blick in den Spiegel wird man wahrscheinlich feststellen, daß sie noch „alle" da sind, die kleinen feinen, aber wohl nur selten wirklich geliebten Fältchen.

Die Suche nach einem neuen „Faltenkiller" kann also aufs neue beginnen, und kaum glaubt man es gefunden zu haben, wird man nach einigen Wochen abermals resigniert feststellen, daß man sich eigentlich nur über den Preis des so gelobten Wundermittels wundern kann ...

Ich möchte mit dieser kurzer Erläuterung zu Cremes und Gesicht niemanden deprimieren, sondern vielleicht nur ein wenig wachrütteln und dazu anregen, künftig etwas kritischer zu sein, wenn es darum geht, auf ein Wundermittel gegen Faltenbildung zu vertrauen. Ein solches muß sicherlich erst noch erfunden werden, falls man dazu überhaupt jemals in der Lage sein wird, denn das Leben eines Menschen wird auch in Zukunft nicht spurlos an seinem Gesicht vorüberziehen.

Und wenn Sie nun glauben, i c h könnte Ihnen ein absolut 100%ig wirksames Wundermittel aus der „Hexenküche" zur Verfügung stellen, muß ich sagen: Sorry – solch ein Versprechen kann auch ich Ihnen nicht geben, und ich hoffe sehr, daß Sie darüber nicht allzu sehr enttäuscht sind!

Auch ich bin leider nicht imstande, oder sollte ich vielleicht besser sagen - Gott-Sei-Dank -?, in den natürlichen Ablauf eines menschlichen Lebens einzugreifen, und schon gar nicht, Ihnen mein Wort zu geben, daß Sie, wenn Sie die Rezepturen in diesem Buch anwenden, auch tatsächlich um zehn oder zwanzig Jahre jünger aussehen werden!

Wer derart spektakuläre Resultate erwartet, der wird wirklich enttäuscht sein, und dem wird wohl kaum etwas anderes übrig bleiben, als sich irgendwann einer kosmetischen Operation zu unterziehen, um wieder jung und knackig auszusehen! Denn - zu glauben, man könnte mit irgendwelchen Wässerchen oder Cremes ein Wunder bieten, ist alles andere als realistisch!

Man kann Falten nun mal nicht einfach wegzaubern, oder sie gar durch magische Rituale verhindern, glauben Sie mir das bitte, denn wäre dies möglich, hätte ich selbst davon schon vor vielen Jahren Gebrauch und vielleicht als Model Karriere gemacht!

Und ich möchte auch bezweifeln, daß es unter den auf dem Markt erhältlichen Cremes, Lotions, Masken und was auch immer, irgendetwas gibt, das bereits vorhandene Falten dauerhaft beseitigen könnte.

Was also *kann* man tun?

Nun, man kann Faltenbildung hinauszögern – mit meinen Rezepturen, die – je früher angewandt, desto besser -, dabei helfen werden, die Haut möglichst schonend zu pflegen und sie dabei zu unterstützen, Falten erst später entstehen zu lassen.

Vielleicht mag die eine oder andere „Mixtur" etwas geheimnisvoll und befremdlich anmuten, aber ich denke, bei näherer Betrachtung wird auch die Skeptikerin feststellen, daß diese „Rezepte für die Schönheit des Gesichtes", größtenteils aus den wertvollen Stoffen von Mutter Natur bestehen!

Und wenn Sie sich entschließen sollten, zumindest einige der Rezepturen auszuprobieren, werden Sie sehen, daß die Natur so ziemlich alles bietet, was frau zur Pflege des Gesichtes benötigt. Vor allem aber werden selbst hautempfindliche Menschen von den diversen Wässerchen, Cremes und Lotionen Gebrauch machen können, ohne darauf mit den vielleicht gewohnten Allergien zu reagieren. Denn – zur Erhaltung eines jugendlich frischen Teints gibt es nichts Besseres als Pflegemittel ohne Zusätze von Chemie, Konservierungsstoffen usw.

Aber, ich denke wohl, daß ich Ihnen das alles nicht erst lange und breit erklären muß, denn offensichtlich gehören Sie zu jenen Frauen, die ohnehin ein Faible für „Rezepturen der etwas anderen Art" haben.

Nun haben Sie von mir schon erfahren, daß Sie hier in diesem Buch keine Wunder in puncto „Falten-einfach-wegzaubern" zu erwarten haben, wohl aber eine Menge brauchbarer Informationen, die nur noch darauf warten, von Ihnen möglichst bald in die Tat umgesetzt zu werden ...

12

Die Sache mit den Genen ...

Haben Sie sich auch schon des öfteren gefragt, weshalb manche Ihrer Artgenossinnen selbst in fortgeschrittenem Alter noch immer so unverschämt jung und attraktiv aussehen, während andere Frauen schon in jungen Jahren viel älter aussehen als sie tatsächlich sind? Und haben Sie sich auch weiterhin gefragt, ob erstere vielleicht über ein ganz besonders gut gehütetes Geheimnis verfügen - oder es sich bei diesen Glücklichen lediglich um jene Artgenossinnen handelt, die regelmäßig zur Kosmetikerin gehen, sich dort hegen und pflegen lassen und nur Kosmetik vom „Feinsten" kaufen?

Und bei der zweiten Gruppe? Jene also, mit frühzeitig beginnender Hautalterung, machen diese Frauen etwas falsch? Und wenn ja – was?

Nun, die Gruppe derer, die sich überaus glücklich schätzen kann, selbst im hohen Alter noch über eine glatte und wunderbar rosige Haut zu verfügen, wird dieses Phänomen auch den Genen, den Erbanlagen, zu verdanken haben!

Aber vergessen wir eines nicht: Solange die von frühzeitiger Hautalterung Betroffenen sich selbst nicht an ihren Falten stören, die bei ihnen etwas früher eingesetzt haben als beim Durchschnittsmenschen, und die sich mit all den kleinen feinen Linien um Augen und Mund absolut gut gefallen, - ist das alles kein Problem!

Diese Frauen sind im Grunde genommen mehr als beneidenswert, und wenn man sich eine Weile mit ihnen unterhält, wird man unschwer feststellen, daß sie viel und gerne lachen und noch dazu über eine große Portion Optimismus, ein gesundes Selbstbewußtsein und beneidenswerte Lebensfreude verfügen. Was wiederum zu erkennen ist an den vielen kleinen Linien, die sich – wenn diese Frau gerade wieder herzhaft lacht - am Augenwinkel deutlich zeigen ...

Fragen wir uns also, wie es sich mit jenen Frauen verhält, die sich ihre natürliche Schönheit möglichst lange erhalten wollen, gleichzeitig aber für Kosmetika auf chemischer Basis nichts übrig haben – aus welchen Gründen auch immer!

Somit wäre ich wieder beim Thema ... Denn ... genau d i e s e Frauen sind es, die mir am Herzen liegen und die ich ansprechen möchte.

Wenn Sie es satt haben, herumzuexperimentieren, und wenn Sie ohnehin wissen, daß die meisten der Produkte am Markt nicht halten, was sie versprechen, kann hier Abhilfe geschaffen werden, denn ich möchte Ihnen zeigen, wie Sie mit relativ wenig Zeitaufwand - gemessen am sichtbaren Erfolg - ein Maximum an qualitativ hochwertiger Kosmetik herstellen können!

Es ist nicht schwer und macht obendrein sogar noch viel Freude!

Und wenn Sie dann noch dazu den Ehrgeiz in sich verspüren, dem Alterungsprozeß durch die Anwendung magischer Hilfsmittel ein Schnippchen zu schlagen, dann werden Sie sehr wahrscheinlich ins Grübeln kommen, ein wenig über Ihre bisherige Lebensweise nachdenken und manches verändern wollen.

Je älter Sie sind, desto mehr an Konsequenz wird Ihnen abverlangt!

Es wird sich lohnen, oh ja! Und der Erfolg wird Sie für die vielen Entbehrungen entschädigen, das ganz gewiß. Sie müssen sich nur absolut im Klaren darüber sein, w a s genau Sie wirklich wollen und wie wichtig es Ihnen ist, fit zu sein und attraktiv auszusehen ...

Doch das oberstes Gebot, um dem Alterungsprozeß ein Schnippchen zu schlagen, lautet:

Eine vernünftige Lebensweise,

denn sie ist immer eine der wichtigsten Voraussetzungen für eine makellos schöne Haut, für ein attraktives Gesicht und tolle Haare ...

Aber diese alte Weisheit dürfte sicherlich so ziemlich jeder Frau bestens bekannt sein! Sie wissen doch längst, selbst die besten Produkte natürlicher Kosmetika können keinen sichtbaren Erfolg aufweisen, wenn man seinen Körper Tag für Tag, Monat für Monat und Jahr für Jahr über die Maßen strapaziert! Ganz egal, ob durch falsche Ernährung, zu wenig Schlaf, zu viele Zigaretten oder gar Alkohol, eine unglücklichen Seele oder eine unbefriedigende Partnerschaft - was so ziemlich alles auf dasselbe hinausläuft!

Ihre Haut jedenfalls wird Ihnen praktisch jede größere Verfehlung übelnehmen, die sie ihr und Ihrem Körper zumuten - und sie wird es Ihnen entsprechend heimzahlen ...

Tatsächlich ist es nun mal so, daß man sich schon ein wenig Mühe geben muß, um eine schöne straffe Haut zu erhalten, oder noch besser – sich diese Straffheit möglichst lange zu bewahren!

Es ist ebenfalls unerläßlich, sehr genau darauf zu achten, was man sich da tagein, tagaus ins Gesicht cremt. Ich will damit nicht behaupten, daß ein schöner, gepflegter Teint zwangsläufig das Ergebnis dessen ist, was man ihm regelmäßig an Aufmerksamkeit durch kosmetische Hilfsmittel zukommen läßt, aber es ist zweifelsohne ein entscheidender Punkt.

Hier wird viel herumexperimentiert, und dabei werden von vielen Frauen leider auch die größten Fehler begangen. Seltsamerweise scheint für die meisten das Motto ausschlaggebend zu sein: viel hilft viel, und je teurer und namhafter, desto besser!

Schön, wenn man davon überzeugt und mit dem Ergebnis seiner Bemühungen zufrieden ist, wird man sich kaum die Mühe machen, einmal selbst mit der Herstellung von Wässerchen und wirkungsvollen Cremes zu beginnen.

Dabei macht es nicht nur Freude, sondern man kann sich vollkommen sicher sein, gänzlich ohne Chemie und andere hautschädigende Substanzen auszukommen.

Doch nun genug der Worte – schreiten wir zur Tat!

Naturkosmetik - in der Hexenküche „gebraut"

Reinigungslotionen ...

Reinigungsmilch für echte Evas:

Sie werden begeistert sein von der milden, aber dennoch tief reinigenden Wirkung dieser Mixtur.

Hier die Menge für ungefähr zwanzig Anwendungen:

- 2 EL Honig
- 1 EL Olivenöl
- 1 EL Avocadoöl
- 3 EL Milchpulver
- 2 Tropfen Zitronensaft
- 1 Tasse Rosenwasser (Apotheke oder selbst hergestelltes)!

Und so stellen Sie Ihre Reinigungsmilch her:

Die beiden Tropfen Zitronensaft in den Honig geben und gut untermischen, danach das Milchpulver in das Rosenwasser einrühren, nach und nach das Öl, den Honig und schließlich das Milchpulver hinzugeben.

Die Zubereitung erfolgt am besten bei V o l l -
m o n d, denn so verstärkt sich die wunderbare
Wirkung dieser Mixtur.

In ein Glas mit Schraubverschluß abfüllen,
auf den Deckel ein Stück Rosenquarz legen und
kühl und möglichst dunkel lagern.
Die Reinigungsmilch ist bereits am nächsten
Tag gebrauchsfertig!
Der Rosenquarz wird jetzt nicht mehr benötigt.

Geben Sie von der Emulsion reichlich auf Gesicht und Dekolleté, gleichmäßig verteilen, danach mit reichlich lauwarmem Wasser abwaschen. Sie werden angenehm überrascht sein ...

*****

Eine Variante ...

Rosenmilch „Venus"

Diese Reinigungsmilch können Sie nicht auf
Vorrat herstellen, aber es lohnt sich, sich diese
herrliche Milch immer wieder frisch zuzuberei-
ten!

- ½ Tasse Milch – idealerweise Ziegenmilch, aber diese ist leider nur schwer zu bekommen.
- ½ EL dunklen Waldhonig
- 2 rote Rosenblätter
- 1 Prise Salz
- ½ TL Mandelöl

Alle Zutaten in die handwarme Milch einrühren, 18 mal umrühren und dann in einen Glastiegel füllen, in dem ein kleines Stück Bergkristall liegt.
Kühl und dunkel aufbewahren!

Großzügig auf Gesicht und Dekolleté auftragen und mit reichlich lauwarmen Wasser abwaschen.
Ganz besonders gut verträglich für empfindliche, gereizte Haut ...

*****

Alle guten Dinge sind drei ...

A l o e V e r a - die Wüstenpflanze, die sich wirklich sehen lassen kann!

Falls Sie sich für nicht-alltägliche Pflanzen begeistern können, die nicht nur äußerst dekorativ anzusehen sind, sondern auch noch großen Nutzen bringen, kann ich Ihnen zur täglichen Gesichtspflege folgendes empfehlen:

Besorgen Sie sich eine Aloe Vera (sieht aus wie die Miniaturausgabe einer Agave) und gönnen Sie sich eine regelmäßige Tiefenreinigung mit dem Gel, das diese Pflanze in ihren dickfleischigen Blättern birgt.

Dazu schneiden Sie ein Stück von dem Blatt ab, schneiden dieses der Länge nach auf und schaben das Gel mit Hilfe eines Eßlöffels heraus, geben es in eine kleine Schüssel und mischen nach und nach einen halben Teelöffel Zitronensaft und drei Tropfen Melissen-Öl unter.

Ebenfalls bei Vollmond herstellen und in ein schwarzes oder dunkelblaues Gefäß füllen – kühl lagern!

Diese Mischung erfrischt selbst müde Gesichter und wirkt wunderbar klärend auf den Teint. Die Mühe lohnt sich.

Kein Wunder, daß schon die ägyptischen Königinnen wußten, wie wertvoll Körperpflege mit Aloe Vera ist ...

*****

Ein Gesichtswasser für die fettige und zu Unreinheiten neigende Haut:

- 150 g Hamameliswasser (Apotheke)
- 1 EL Akazienhonig (falls nicht erhältlich, eine andere Sorte Ihrer Wahl)
- 5 Tropfen Melissenöl
- 5 Tropfen Apfelessig.

Das Hamameliswasser vorsichtig erwärmen und nach und nach alle anderen Zutaten beimischen.

Bei V o l l m o n d herstellen und in das Gefäß ein klein wenig Speckstein, am Stück oder gemahlen, geben!

In einer Glasflasche aufbewahren und kühl lagern!

Mit einem Wattebausch täglich morgens und abends auf Gesicht und Hals auftragen.

Diese Mischung wirkt desinfizierend und wird Ihnen helfen, wieder eine reine Haut zu erhalten.

Und, ganz wichtig: Der Säureschutzmantel der Haut wird n i c h t zerstört!

*****

Ein Gesichtswasser für die normale bis trockene Haut:

- 150 g destilliertes Wasser
- 4 EL Rosenblütenblätter
- 15 g 70%igen Alkohol
- 1 TL Melissentinktur (Apotheke)

Geben Sie die Rosenblätter bei Vollmond in eine Glasschale, in die Sie vorher ein Stück Bergkristall gelegt haben. Übergießen Sie diese mit dem destillierten Wasser und dem Alkohol und lassen Sie die Mischung über Nacht zugedeckt stehen, möglichst so, daß das Licht des Mondes auf die Schale fällt.

Am nächsten Morgen abfiltern (funktioniert hervorragend mit einem Kaffeefilter, falls nötig noch ein zweites Mal), danach die Melissentinktur untermischen.

Falls vorhanden, in einen schönen Glasflakon abfüllen und die Mischung bei Bedarf mit einem Wattepad auf Gesicht und Hals großzügig auftragen.

*****

Elfenreine Haut ist keine Zauberei ...

In der Neumondnacht gesammelte Rosskastanien reiben und zusammen mit drei rosa, drei weißen und drei roten Rosenblättern und einem kleinen Bergkristall in eine Schüssel geben und einen halben Liter Wasser zufügen. Das Gemisch mindestens drei Stunden stehen lassen und dann als Waschwasser verwenden.

Masken ...

Wenn Sie eine Maske auflegen wollen, sei es zur Entspannung, zur Straffung oder zu welchem Zweck auch immer, erzielen Sie hervorragende Erfolge, wenn Sie diese bei z u n e h - m e n d e m Mond auftragen ...

Hier eine **nährende** und gleichzeitig **straffende** Maske, die für **jeden Hauttyp** geeignet ist:

- Eine halbe, sehr reife Avocado
- ½ TL Honig
- ½ TL Zitronensaft
- 2 Scheiben Banane
- ein geschlagenes Eiweiß

Das Fruchtfleisch der Avocado, Honig, Banane und Zitronensaft mit einer Gabel zu einer geschmeidigen Paste verarbeiten, anschließend das steife Eiweiß unterheben.

Die fruchtige Masse auf Gesicht und Hals verteilen und bei angenehmer Meditationsmusik mindestens 25 Minuten einwirken lassen.

Danach abwaschen und das Ergebnis Ihrer Schönheitsmaske genießen.

*****

Die Heilerdemaske:

Eine Packung mit Heilerde wird Sie von der Wirksamkeit dieses uralten Schönheitsmittels überzeugen!

Sie hilft Ihnen, nicht nur Hautunreinheiten in den Griff zu bekommen, sondern ersten kleinen Fältchen effektiv vorzubeugen.

Allerdings erfordert das ein wenig Zeit, Geduld und eine gewisse Regelmäßigkeit in der Anwendung!

1 - 2 x wöchentlich sollten sie die Packung auflegen, doch der Erfolg wird Sie für die kleine Mühe ganz gewiß entschädigen.

Eine sehr wirkungsvolle, straffende und verjüngende Variante der Gesichtspflege für jene Frauen, die auf natürliche Mittel nicht verzichten wollen.

Und so wird´s gemacht:

- 3 - 4 EL Heilerde in lauwarmem Kamillentee einrühren, soviel, daß dabei ein streichfähiger Brei entsteht.
- 1 TL dunklen Waldhonig einrühren und dann mit einem Pinsel oder mit den Händen möglichst dick aufs Gesicht auftragen, Augenpartie freilassen.
- Nach ungefähr 30 Minuten die fest geworde-

ne Heilerde mit lauwarmem Wasser wieder abwaschen.

Bei extrem trockener Haut genügen zehn Minuten!
Danach die Haut dick eincremen.

Aber bitte n i c h t vergessen:
Vorzeitige Alterserscheinungen lassen sich zwar erheblich bremsen, aber den Vorgang der Hautalterung können Sie natürlich nicht stoppen!

*****

Maske „Fruchtiges Vergnügen"

Man nehme:

- 20%igen Quark
- ½ TL Saft einer ungespritzten Zitrone
- 1 TL ungespritzte Orangenschale
- 1 TL ungespritzte Grapefruitschale
- ein kleines Stück zerkleinerte Salatgurke

Die Zutaten gut miteinander vermischen und großzügig auf die gereinigte Haut auftragen!
Beine hochlagern, angenehme Musik hören, oder die 30 Minuten Einwirkungszeit für eine kleine Meditation nutzen.

Diese äußerst wohltuende Gesichtspackung klärt Ihren Teint und strafft besonders die Partie unterhalb der Augen.

Die Zitrone ist eines der preisgünstigsten und gleichzeitig eines der wirkungsvollsten Pflegemittel für die Herstellung natürlicher Kosmetik. Meist hat man diese Früchte schon der Vitamine wegen zu Hause und deshalb griffbereit.

Leider ist es in Vergessenheit geraten, daß man die Zitrone bereits vor Jahrtausenden zur Körper- und Schönheitspflege verwendet und gelobt hat.

Der Saft sorgt dafür, daß sich die Poren zusammenziehen, er wirkt somit straffend. Außerdem reinigt er die Haut ganz hervorragend, und wenn man Probleme mit seinen Sommersprossen hat, so hilft auch hierbei die Zitrone, denn ihr Saft wirkt bleichend.

*****

Die Hafermaske

Und was sie alles kann ...

Hierfür benötigen Sie etwas Hafer aus dem Reformhaus, aber vielleicht haben Sie ja sogar eine Getreide- oder Kaffeemühle zu Hause, denn für unsere streßgeplagte Haut gibt es kaum etwas Besseres als eine Gesichtspackung aus frisch gemahlenem Hafer!

Er enthält wertvollste Wirkstoffe und hat eine verblüffend glättende Wirkung!

Allerdings wird sich ein sichtbarer Erfolg bei regelmäßiger Anwendung erst nach einigen Wochen einstellen.

Ein bis zwei Anwendungen pro Woche sollten es schon sein!

Und ich bin sicher:

Sie werden diese Packung Ihrer besten Freundin weiterempfehlen, aber nur ihr! ...

Man nehme:

- 2 – 3 EL gemahlenen Hafer
- 2 EL Sahnequark
- 1 TL Honig und ein wenig Milch, sollte der Brei noch zu dick sein.
-

Alles tüchtig miteinander verrühren, auf gereinigte Haut auftragen (schön dick!) und 20 Minuten einwirken lassen.

*****

Noch eine Maske ...

Da war doch noch die Sache mit dem Eigelb ...

- ein leider kaum noch angewendetes Mittel,
das aber strapazierte und zur Faltenbildung nei-
gende Haut schnell wieder auf „Vordermann"
bringt!
Eigelb hat eine glättende und sogleich pflegende Wirkung, doch muß eine Packung mit Eigelb sofort verbraucht werden.

Für diese Packung benötigen Sie:

- Ein frisches Eigelb
- 2 Tropfen Olivenöl
- ½ TL Karottensaft

Alles gut miteinander vermischen und gleichmäßig auf Gesicht und Dekolleté auftragen.
20 - 30 Minuten einwirken lassen und dann
mit lauwarmem Wasser abspülen ...

Cremes ...

Cremes wirken besonders gut bei z u n e h-
m e n d e m Mond!

Die Herstellung kann sowohl bei Neu- als
auch Vollmond erfolgen, und falls es sich irgend-
wie einrichten läßt, sollte sich der Mond in den
Venuszeichen Stier oder Waage befinden!

Allround-Creme (für jeden Hauttyp):

- 2 TL Bienenwachs (Apotheke)
- 3 EL Avocadoöl
- 1 ½ EL Wasser
- 1 ½ EL Zitronensaft
- 5 Tropfen Zitronenöl

Wasser in einem kleinen Tiegel erwärmen, ge-
filterten Zitronensaft hinzufügen, Bienenwachs
und Avocadoöl im Wasserbad zum Schmelzen
bringen. Danach das Saft-Wasser-Gemisch langsam unterrühren und die fünf Tropfen Zitronenöl beigeben.

Creme in ein Glasgefäß füllen, auf einen oran-
gefarbenen Untergrund stellen – Stoff, Keramik
oder Glas – und im Kühlschrank aufbewahren!

Diese Creme wird Ihnen gefallen, auch wenn
Sie unter gereizter Haut leiden – kein Problem!,

denn sie wirkt beruhigend und normalisierend auf empfindliche Gesichtshaut.

*****

Creme „Faltenkiller" ...

Hierzu benötigen Sie folgende Zutaten:
Etwas Geduld, ein wenig Zeit, den Besuch in einer Apotheke, Vollmond, um die Creme anzurühren, damit sie auch gut wirken kann ...
und, nicht zuletzt:

- 6 Tropfen reines Lavendelöl
- 10 g Bienenwachs, möglichst ungebleichtes
- 20 ml Weizenkeimöl
- 40 ml Wasser
- 1 Messerspitze Borax
- 10 g Stearinsäure
- 15 g Kakaobutter
- 30 ml Avocadoöl

Und so werden die Zutaten verarbeitet:

Die Kakaobutter, Stearinsäure, Avocado- und Weizenkeimöl in ein Gefäß füllen und im Wasserbad langsam erhitzen, bis sich alles schön miteinander verbindet.

Die 40 ml Wasser zum Kochen bringen, Borax hinzufügen und gut vermischen.

Dann ein hohes Gefäß und Mixer nehmen, Boraxwasser und Schmelze auf Stufe 2 rühren, bis alles schön milchig wird. Dann das Lavendelöl beigeben und Masse weiterrühren, bis eine dicke flüssige Creme entsteht.

Also solange rühren, bis die Masse kalt wird!

Diese Creme können Sie mehrmals täglich großzügig auf Gesicht, Hals und Dekolleté auftragen. Wenn Sie möchten, können Sie auch Ihre Handrücken damit behandeln.

Die Creme muß im Kühlschrank in einem möglichst undurchsichtigen Glasgefäß aufbewahrt werden und hält gut und gerne 3 - 4 Wochen!

Stellen Sie das Gefäß auf eine Holzscheibe (möglichst Kastanie oder Eiche!), Durchmesser mindestens so groß wie das Gefäß!

Ein paar Worte zu Weizenkeim-Öl:

Weizenkeimöl ist sehr vitaminreich und daher eine Wohltat für trockene, alternde Haut, die noch dazu zur Schuppenbildung neigt. Man kann das Öl auch ab und an nur mit einigen Tropfen Zitronenöl in die nach Nahrung hungernde Haut einmassieren.

*****

Die alte, gute Kamille, und was sie alles kann ...

Wenn Sie zu Hautproblemen neigen, gleichzeitig aber der Faltenbildung vorbeugen wollen, wird Ihnen diese Creme sicherlich sehr gute Dienste leisten:

Zubereitung möglichst bei V o l l m o n d !

- 2 g Kamillenöl
- 1 g Borax
- 20 g Mandelöl
- 30 g Weizenkeimöl
- 10 g Lanolin
- 20 g Bienenwachs
- 30 g 20%igen Alkohol
- 2 g Kampfer

Und so werden die Zutaten miteinander verarbeitet:

Weizenkeim- und Mandelöl, Bienenwachs und Lanolin in einen Tiegel füllen und im Wasserbad erwärmen. Wenn alles miteinander verschmolzen ist, geben Sie den Kampfer hinzu.

Dann den Alkohol in einem separaten Gefäß erwärmen und Borax einrühren. Diese Mischung geben Sie dann in die „Schmelze" und das Kamillenöl hinzu.

Die Creme so lange mit dem Rührbesen verarbeiten, bis sie kalt geworden ist.

Dann ab damit in einen Tiegel und in den Kühlschrank auf eine „blumige" Unterlage! Vielleicht ein Sonnenblumen Motiv – kann auf Stoff, Papier oder Plastik sein!

Diese Creme ist eine Wohltat für jede noch so strapazierte Haut und hält kühl gelagert locker 1 ½ - 2 Monate.

*****

Und hier nun ein wahres Geheimrezept:
Die magische Rosencreme

Man beginne mit der Zubereitung dieser Creme bei z u n e h m e n d e m   M o n d, wenn dieser im Zeichen des Steinbocks steht, und nach Einbruch der Dunkelheit.

Bevor Sie jedoch mit der Zubereitung beginnen, legen Sie bitte ein Foto von sich direkt an den Platz, an dem Sie Ihre magische Rosen-Creme zubereiten wollen. Streuen Sie um das Foto einen Kreis aus Salz und legen Sie dann neun rosafarbene Rosenblätter – ebenfalls als Kreis angeordnet – um das Bild herum. Tun Sie es so, daß Salz und Rosen sich berühren.

Folgende Zutaten brauchen Sie für die Rosencreme:
Einen Tiegel, in dem Sie 40 g Traubenkerzenöl, 25 g Lanolin und 20 g Bienenwachs im Wasserbad auflösen. Wenn alles geschmolzen ist, von der Herdplatte nehmen und 30 g Hamameliswasser dazugeben, in dem Sie bereits am Morgen dieses Tages 21 rote Rosenblätter (möglichst frische) hineingelegt haben, die Sie jetzt mittels eines Siebes abschöpfen.

Sammeln Sie alle Rosenblüten wieder ein, geben Sie diese zurück in die Schale mit den restlichen Rosenblüten, schmelzen Sie das Wachs und gießen Sie anschließend das Wachs über die Blätter. Wenn das Wachs erkaltet ist, nehmen Sie die Schale mit hinaus ins Freie und werfen die Teile in alle Himmelsrichtungen. Das tut man am besten nach Einbruch der Dunkelheit ...

*****

Noch ein paar Ratschläge zu Ölen aus dem Garten der Natur, die Falten reduzieren.

Verwenden Sie reines R o s e n ö l , wenn Sie eine Mischhaut haben, R e i s k l e i e ö l bei fettiger Haut und das gute N a c h t k e r - z e n ö l bei sehr trockener Haut.

Und wenn Sie nicht davor zurückschrecken, etwas wirklich Gutes für sich tun zu wollen, dann habe ich noch ein Öl für Sie, das ganz hervorragend der Faltenbildung vorbeugt:

Dazu benötigen Sie:
- Frischen Borretsch und ein wenig Mandelöl!

Aus den frischen Borretschblättern und -stengeln wird ein Frischsaft gepresst, den Sie dann in eine kleine Menge Mandelöl mischen! Gerade so viel, daß diese Mischung für maximal zwei Tage reicht, denn es ist wichtig, diese Mixtur immer frisch herzustellen.

Das Öl wird zusätzlich zur Tages- oder Nachtpflege angewandt und eignet sich hervorragend zum Auftragen nach einem Peeling oder Gesichtsdampfbad mit (möglichst) frischen Kamillenblüten.

Die Mixtur wird bei regelmäßiger Anwendung helfen, die Faltenbildung hinauszuzögern.

Dieses wunderbare Öl können Sie auch mit den Blättern der R a u k e (lat. *Sisymbrium*) herstellen, denn die Wirkung ist dieselbe!

Die Rauke galt bei den schönen Römerinnen als Wundermittel schlechthin!

*****

Eine gerötete Nase wegzaubern ...

Hier ein sehr altes Naturrezept, das bereits unsere Ur-Großmütter kannten:

Man nehme 15 g Walnußblätter und schneide sie möglichst fein, 15 g frischen oder getrockneten Thymian und überbrühe die Mischung mit einer kleinen Tasse kochenden Wassers, lasse das Ganze 15 – 20 Minuten ziehen und seihe es dann ab.

Dann gebe man drei Messerspitzen Maisstärke und eine Messerspitze Natron dazu sowie neun weiße Rosenblätter, und vermische alles gut. Rosenblätter wieder entfernen und das noch warme Gemisch immer wieder mit einem Leinenlappen auf die Nase tupfen.

Besonders wirkungsvoll ist die Anwendung dieser Mischung bei a b n e h m e n d e m Mond im Widder.

Probieren Sie es aus und lassen auch Sie sich von der Wirksamkeit dieser beiden bescheiden wirkenden Pflanzen überzeugen ...

Doch vergessen Sie bitte eines nicht, bei Ihrer kleinen Erkundungstour durch die „Schöne Hexenküche":

Die Schönheit eines Menschen wird - auch wenn Sie vielleicht zu jenen weiblichen Wesen gehören, die glauben, Sie seien immer noch nicht schön genug, - immer im Auge des Betrachters liegen!

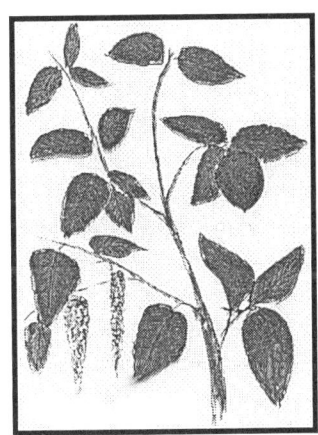

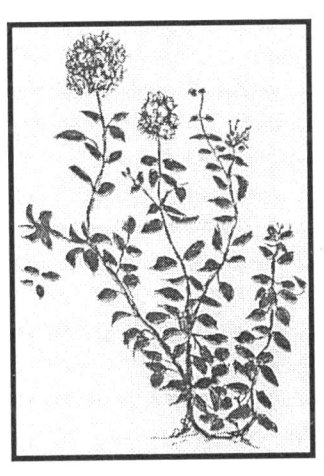

Haariges ...

Ganz ähnlich wie unsere Haut sind auch die Haare ein Spiegel unserer seelischen und körperlichen Verfassung, denn an den Haaren eines Menschen läßt sich relativ leicht erkennen, ob dieser unter einer Krankheit leidet, Kummer hat oder sich richtig oder falsch ernährt!

Natürlich trägt auch die richtige Haarpflege zu einem befriedigenden und optisch attraktiven Ergebnis bei, denn es ist unschwer zu übersehen, wenn das Haar mit ungeeigneten Pflegemitteln über die Maßen strapaziert wurde. Selbst eine ehemals tolle Haarpracht kann so im Verlauf der Zeit stumpf und widerborstig werden, oder auch dünn und brüchig – je nachdem, was man dem Haar regelmäßig antut!

Es ist nun mal so, Haare, die wirklich gesund und schön aussehen sollen, wollen von i n n e n als auch von a u ß e n gepflegt werden!

Sie sehen also schon, mit den Haaren verhält es sich ähnlich wie mit der Haut Ihres Gesichtes und Dekolletés oder so, wie Sie es im Abschnitt Zellulitis über die Haut Ihres Körpers lesen werden.

Der menschliche Körper ist ein äußerst sensibles „Instrument" und wird irgendwann streiken, wenn wir ihn immer wieder mit Dingen konfrontieren, die er gar nicht will – sei es nun

Nahrung, Medikamente, Kosmetik, zu wenig Sport usw.

Der Körper wird seinen Peiniger „strafen", wenn dieser ihm weder innerlich noch äußerlich den gebührenden Respekt, den er verdient, zollen will, indem er die Haut welken, die Haare glanzlos und die Augen trübe werden läßt ...

Damit also auch das Thema „Haare und ihre optimale Pflege" künftig kein Problem mehr für alle diejenigen ist, die ein wenig Raubau mit Leib und Seele betrieben haben, werde ich Ihnen nun zeigen, wie man natürliche Mittel für die Schönheit Ihrer Haarpracht herstellen kann, damit diese den Namen „Pracht" auch verdienen – gänzlich ohne Chemie.

Das Haar und die Mondphasen ...

Keine Frage, ein Mensch, der sich schöne, perfekt gepflegte Haare wünscht, ist natürlich nicht nur abhängig von einem guten Frisör, der ihm einen guten Schnitt verpaßt, sondern auch von der jeweiligen Mondphase! Sie kann entscheidend dazu beitragen, ob Sie mit dem Ergebnis Ihrer Haare zufrieden sind oder nicht! Der Mond kann, mehr als Sie vielleicht denken, zu einem guten oder schlechten Gelingen beitragen - man muß sich dieser Tatsache nur bewußt sein.

Und das ist der Grund, warum Haarprodukte je nach Stand des Mondes einmal besser oder schlechter auf Haar und Kopfhaut wirken. Es lohnt sich also, wenn man sich zumindest die Grundregeln hierfür einprägt:

Als grobe Faustregel gilt:

- Haare bei Vollmond im Löwen geschnitten, garantiert Fülle und schnelles Nachwachsen.
- Sollte der Vollmond gerade in einem anderen Zeichen stattfinden, so ist das natürlich auch nicht tragisch, denn Sie profitieren noch immer von der Energie des vollen Mondes!
- Färben, Tönen, Dauerwelle, Entkrausen usw. läßt man seinen Haaren am besten bei Mond in der Jungfrau angedeihen, da chemische Mittel während d i e s e r Phase keinen allzu großen Schaden anrichten können!
- Ein Schnitt bei abnehmendem Mond in der Jungfrau verspricht ebenso gute Ergebnisse.
- Bei Mond im Widder oder Krebs sollte man nicht nur Haareschneiden vermeiden, sondern auch Färben, Tönen, Dauerwelle usw., denn Widder- und Krebs-Mond sorgen gerne dafür, daß die Haare hinterher struppig aussehen und sich schlecht frisieren lassen.

- Wenn Sie extrem trockenes Haar haben, wirken Packungen am besten bei zunehmendem Mond. Neigen Ihre Haare jedoch dazu, schnell fettig zu werden, wirken entsprechende Packungen gegen fettes Haar am besten bei abnehmendem Mond!

*****

Noch mehr Tips aus der schönen Hexenküche ...

Wenn Ihre H a a r s p i t z e n sich s p a l - t e n, können Sie folgendes tun:

Waschen Sie die Haare mit einer alkalifreien Flüssigseife, danach geben Sie ¼ TL Borax in einen Liter Wasser und waschen Ihre Haare damit ein zweites Mal. Gut abtrocknen und danach die Kopfhaut gründlich mit Öl aus der Klettenwurzel einmassieren. Das Öl sollten Sie 3 - 4 x wöchentlich verwenden ...

*****

Wenn Ihre Haare durch Sonne, Wind und Salzwasser ausgelaugt sind und strohig wirken, hilft folgende Kur:

Massieren Sie reines Olivenöl, dem Sie 10 Tropfen Arnikatinktur beigemischt haben, in das trockene Haar, umwickeln Sie es mit einer Plastikfolie und einem Handtuch und lassen Sie das Öl mindestens eine Stunde einziehen. Danach gründlich auswaschen. Anschließend zwei verrührte Eigelb – dem Sie drei Tropfen Rosenöl zugefügt haben – auf das Haar auftragen. Ungefähr 20 - 30 Minuten einwirken lassen, bevor Sie die Haare gründlich mit warmem Wasser auswaschen ...

*****

Wenn Ihre Haare durch E n t k r a u s e n oder D a u e r w e l l e g e s c h ä d i g t sind, empfiehlt sich diese Kurpackung:

Verrühren Sie ein Eigelb mit ½ TL frischen Zitronensaft und fügen Sie einige Tropfen Sesamöl hinzu.

Verrühren Sie alles kräftig mit einem Schneebesen und verteilen Sie dann die geschmeidige Creme gleichmäßig im trockenen Haar. Lassen Sie die Packung ½ Stunde bis Stunde unter einem oder zwei Handtüchern einwirken, bevor Sie sie mit einem milden (selbstgemachten!) Shampoo auswaschen. Sie werden sehen, das Problem mit den geschädigten Haaren löst sich auf angenehme Weise von ganz allein.

*****

Wenn Sie unter lästigen S c h u p p e n leiden ...

Hier ein uraltes Rezept, das sicherlich auch Ihnen helfen wird:

Vor dem Haarewaschen bestreuen Sie die Kopfhaut mit feinem Salz und bürsten dann die Haare gründlich mit einer Bürste aus Naturborsten durch. Dann die Haare wie gewohnt waschen, danach eine selbstgebraute Tinktur aus Brennesselblättern und -wurzeln einmassieren.

Rezept für die Tinktur:

Eine Flasche (1/2 Liter!) mit möglichst frischen Blättern und Wurzeln bis zur Hälfte füllen, danach mit Schnaps oder Korn auffüllen und ungefähr eine Woche an einem sonnigen Platz stehen lassen. Ihre Schuppen werden diese Mixtur gar nicht mögen ...

*****

Noch ein Schuppen-Rezept!

Diese Rezeptur wird selbst hartnäckigen Schuppen den Garaus machen ...

- 50 g Silberweidenrinde
- 20 g Birkenblätter
- 30 g Lupinensamen

Die Zutaten mischen und das Gemisch mit ungefähr einem Liter Wasser überbrühen. Lassen Sie die Mixtur ca. 15 Minuten ziehen, dann gießen Sie sie über ein Sieb ab und füllen den Sud in eine Flasche, in die sie vorher einen kleinen, weißen, sauberen Kieselstein gelegt haben.
Diese Flüssigkeit massieren Sie jeden Abend in die Kopfhaut ein!

*****

Und auch mit diesen Rezepturen tun Sie viel für die Schönheit Ihrer Haare ...

Z i t r o n e verspricht Schönheit für b l o n - d e s Haar!
Beginnen wir gleich mit einem Shampoo, das die Haare einer blonden Frau aufhellt und nur so glänzen läßt:

Hierfür benötigen Sie:

- 2 Eier
- 3 TL Lavendelblüten
- Saft von 1 ½ Zitronen
- 4 Tropfen Zitronenöl

Die Eier mit dem Mixer verquirlen, Lavendelblüten mit ½ Tasse (kleine) kochendem Wasser überbrühen und 10 Minuten ziehen lassen, danach filtern und unter das Eigemisch rühren und Zitronenöl zugeben.

Als Spülung für blondes Haar eignen sich ganz hervorragend:
Löwenzahnblüten, die man selbst sammeln und trocknen kann, mit kochendem Wasser überbrüht und als pflegende Spülung benutzt, indem man noch 1/2 TL Apfelessig hinzufügt. Die Mixtur großzügig über die Haare gießen.

*****

Eine Haar-Glanz-Packung, die sich für jedes Haar hervorragend eignet!

Sie benötigen:

- 1 EL Olivenöl
- 2 EL Sonnenblumenöl
- 1 Eigelb
- 3 Tropfen Lavendelöl
- ½ TL Zitronensaft

Das Öl wird tropfenweise in das Eigelb eingerührt (wie bei der Mayonnaise Herstellung), dann nach und nach das Lavendelöl und den Zitronensaft unterrühren.

Die cremige Packung wird auf das vorgewaschene Haar gleichmäßig verteilt und sollte mindestens 20 - 30 Minuten unter Wärmeeinwirkung in das Haar einziehen können! (Zum Beispiel unter einem Frotteehandtuch.)

Danach gründlich mit lauwarmem Wasser ausspülen und Haare wie gewohnt behandeln.

Das Haar wird durch diese einfache, aber deshalb nicht weniger wirksame Packung leicht kämmbar und bekommt seidigen Glanz ...

*****

Hier ein paar hochinteressante Tips für g r a u e s Haar!

Rosenblütenblätter zählen zu den klassischen Heilpflanzen der Haarpflege. Man kann beispielsweise eine Spülung daraus zaubern, indem man frische Rosenblätter (ca. eine Tasse voll) mit Wasser übergießt, 15 Minuten stehen läßt und dann die Mischung langsam in einem kleinen Topf zum Köcheln bringt.

Mischung abkühlen lassen auf hautfreundliche Temperatur und übers Haar gießen.

Rosenwasser gibt einen wunderbaren Glanz für graues Haar und sorgt für eine gut durchblutete, gesunde Kopfhaut.

Oder - lassen Sie es doch erst gar nicht so weit kommen und zögern Sie das Grauwerden so lange wie möglich raus ...

Für dieses alte Rezept benötigt man den Saft zehn sehr saurer Äpfel und achtzehn dunkelrote Rosenblätter, die man in einer Neumondnacht in den Saft legt und am nächsten Tag bereits verwenden kann.

Mit diesem Saft wird nun bis zur Zeit des nächsten Vollmondes täglich die Kopfhaut kräftig massiert, danach stellt man den Saft, den man in einem dunklen Gefäß aufbewahrt, möglichst kühl. Beim nächsten Neumond beginne man aufs neue damit ...

An dieser Stelle möchte ich noch erwähnen, daß auch die in diesem Zusammenhang vielleicht weniger bekannte K o r n b l u m e unbedingt bei grauem Haar eingesetzt werden sollte!
Ein Aufguß aus dieser bezaubernden, herrlich blauen Blüte bewirkt eine sanfte Intensivierung der Farbe und ist eine Wohltat für trockene Kopfhaut.

Der Aufguß wird hergestellt aus einer halben kleinen Tasse Kornblumen-Blüten – frisch oder getrocknet – die man mit heißem Wasser übergießt und zehn Minuten ziehen läßt, bevor man den Aufguß verwendet!

Hier ein Tip gegen stark k a l k h a l t i g e s Wasser:
Eine Haarspülung aus Obstessig löst beim Spülen den Kalk aus dem hartem Wasser und sorgt auf diese Weise für Glanz und gute Kämmbarkeit ...

*****

Spülung gegen Schuppen

Efeublätter sind äußerst wirksam gegen das
Übel mit den lästigen Schuppen!
Man bereitet einen Auszug aus getrockneten
oder frischen Blättern zu und fügt ihn der letz-
ten Spülung bei. Efeu hat außerdem eine anti-
bakterielle Wirkung ...

*****

Spülung für trockenes Haar

Ein wenig Honig, gemischt mit Mandelöl, er-
gibt eine pflegende Spülung für widerspenstiges,
trockenes Haar und kann beliebig oft angewen-
det werden!
3 EL Honig mit 1 EL Mandelöl mischen, auf
das gewaschene Haar auftragen, 30 - 40 Minuten einwirken lassen und dann mit gut warmem
Wasser wieder auswaschen ...

*****

Kein Festiger zur Hand? Kein Problem!

Nehmen Sie eine kleine Tasse warmes Wasser, mischen Sie zwei - drei Tropfen Zitronensaft
und einen Teelöffel Gelatine unter - und schon

haben Sie einen brauchbaren Haarfestiger zur Hand. Sollten Sie keine Gelatine im Haus haben, können Sie auch Zucker verwenden ...

*****

Luxus-Haarspülung für feines Haar ...

- 30 g Orangenblütenwasser (Apotheke)
- ½ TL dunklen Waldhonig
- 30 g Rosenwasser
- 20 g Alkohol
- 1 - 2 Tropfen Rosenöl

Die Zutaten miteinander vermischen, vorsichtig erwärmen, damit sich der Honig völlig auflösen kann, zum Schluß das Rosenöl hinzugeben. In eine dunkle Flasche füllen und ein kleines Stück roten Jaspis dazutun. Für eine Spülung einen großzügigen „Schuß" in ein Glas warmes Wasser geben, auf dem Haar verteilen und nicht mehr ausspülen ...

*****

Glanz – Shampoo für dunkles Haar

W a l n u ß s c h a l e n – S h a m p o o verspricht Glanz und Schönheit für dunkles Haar!

Hierfür benötigen Sie:

- 1 Eigelb
- 4 TL Walnußschale frisch oder getrocknet
- Kamillensud
- 1 TL alkalifreie Flüssigseife

Kamillensud erkalten lassen (ca. ½ kleine Tasse), das Eigelb im Sud mit dem Schneebesen unterrühren, die Walnußschalen und die Flüssigseife zugeben und über Nacht stehen lassen, damit die Walnußschalen ihre Farbpigmente an das Gemisch abgeben können.

Am nächsten Tag haben Sie ein dunkelbraunes Shampoo, das Ihren Haaren einen warmen, satten Braunton verleiht und gleichzeitig viele pflegende Substanzen enthält.

*****

Hier eine pflegende Spülung für dunkles Haar:

Mischen Sie 2 EL Apfelessig mit ¼ Liter Wasser und fügen Sie 3 EL getrocknete Walnußblätter hinzu. Diese Mischung über Nacht stehen lassen, bevor Sie sie verwenden. Ihre Haare bekommen einen herrlichen Glanz und sind leicht kämmbar.

*****

Was man bei extrem fettigen Haaren tun kann ...

Das Problem mit den fettigen, strähnig aussehenden Haaren ist meist nicht nur ein kosmetisches Problem, sondern hat oft seine Ursache in einer Störung der Organe, die nicht (mehr) in der Lage sind, ein Übermaß an toxischen (giftigen) Stoffen auszuscheiden. Fettige Haare und Hautprobleme gehen daher oft gleichzeitig miteinander daher.

Vielleicht nehmen Sie die falschen Nahrungsmittel zu sich – zuviel Fleisch, tierische Fette, schwarzen Kaffee, usw.

Oft ist es schon hilfreich, wenn man die Verdauungsorgane tüchtig mit „Grünfutter" versorgt und ausreichend Vitamine und Mineralstoffe zu sich nimmt.

*****

Hier eine Spülung für extrem fettiges Haar:

Sud aus 3 TL Lindenblütenblättern (frisch oder getrocknet!) herstellen, den Saft von 3 Zitronen und 1 EL Kartoffelkochwasser zufügen.

In eine Flasche füllen und im Kühlschrank aufbewahren!

Dient nicht nur als Spülung, sondern wird jeden Abend kräftig in die Kopfhaut einmassiert.

*****

Eine Packung für sehr fettiges Haar:

Verwenden Sie *Henna neutral*, denn dieses Mittel hat k e i n e färbende Wirkung, sondern wirkt stark entfettend. Nach Packungsangabe verwenden!

*****

So, inzwischen haben Sie eine wunderbar gepflegte Haut und prächtige Haare – und nun ist
der richtige Zeitpunkt für:

Das magische Rosen-Salz-Bad,

das Ihnen nach einem stressigen Tag hilft,
sich binnen einer Stunde von negativen Energien
aller Art zu befreien!

Hierzu füllt man die Badewanne mit warmem
Wasser, gibt ungefähr 600 Gramm Meersalz und
60 frische (falls nicht erhältlich getrocknete)
lachsfarbene Rosenblätter hinein und wartet, bis
das Salz sich aufgelöst hat. Währenddessen werden drei, sechs oder neun lachsfarbene Kerzen
im Badezimmer entzündet. Außerdem halte man
einen großen Lappen bereit und einen halben Liter Wasser, dem man ¼ Liter Apfelessig beimi-
sche.

Man sollte sich ungefähr 30 Minuten in diesem Wasser aufhalten und danach seinen Körper großzügig mit dem Waschlappen, den man
mit dem Apfelessig-Wasser-Gemisch getränkt
hat, abwaschen. Das wird alle negativen Schwingungen beseitigen und dem Körper frische Energie zurückgeben.

Die Anti-Zellulitis-Kur

Und nun komme ich zu einem Problem, mit dem sich jede zweite Frau herumplagt – der Zellulitis, auch „Orangenhaut" genannt.

Sie kennen das Problem?

Nun, dann ist dieser Teil des Buches genau für Sie gedacht – die Sie bisher bereits das eine oder andere „Mittelchen" erfolglos ausprobiert haben, um besagtem Problem mit der unschönen Orangenhaut, die bei so vielen Betroffenen Komplexe erzeugt – endlich erfolgreich zu Leibe zu rücken!

Sicherlich haben Sie sich in der Vergangenheit bei Ihren Bemühungen, die Zellulitis möglichst schnell wieder loszuwerden, so viel davon versprochen, weil Sie den meist jungen und attraktiven Frauen aus der Werbung Glauben geschenkt haben, die den Eindruck vermittelten, daß sich auch bei Ihnen ein sofort sichtbarer Erfolg einstellen würde - ohne große Anstrengung, versteht sich! Oder?

Leider ist dem aber nicht so! Und – ganz zu schweigen davon, was Sie in ihrem Leben schon dafür bezahlen mußten, denn wahrscheinlich durften Sie recht ansehnliche Summen für diverse Cremes und Wässerchen, Pillen oder chemische Keulen anderer Art berappen! Logisch begründet sind sie schon, diese hohen Preise, wie ich glaube, wenn man bedenkt, wer da alles mitverdienen möchte an dem lukrativen Geschäft mit den tiefsitzenden Komplexen der Frauen oder aber ihrem ausgeprägten Sinn für noch mehr Attraktivität - jenem typisch weiblichen Wunsch nach ewiger Jugend und Schönheit!

So weit, so gut!

Wenn Sie nun, liebe Leserin, nicht zu der Gruppe der Frauen zählen, die im Leben auf wahre Wunder hoffen, ohne dafür viel bezahlen zu wollen, dann finden Sie jetzt hier in diesem Buch sicherlich Hilfe in brauchbarer Form!

Eines kann ich Ihnen versichern: Es besteht für Sie absolut kein Grund zur Panik, selbst dann nicht, wenn Sie bisher enttäuscht darüber waren, weil alle Ihre bisherigen Versuche, die Zellulitis zumindest zu reduzieren, scheiterten - egal warum!

Voraussetzung dafür allerdings ist, daß Sie meine Ratschläge über einen längeren Zeitraum hinweg befolgen und einige der in diesem Buch enthaltenen Tips fortan in Ihren Tagesablauf mit einbeziehen!

Allerdings kann auch ich Ihnen keine „Wunderwirkung" versprechen, und das will ich auch gar nicht, denn das wäre nicht nur fragwürdig, sondern schlichtweg unseriös.

Also, was dann? Nun, ich kann Ihnen einige sehr wirkungsvolle „Hilfsmittel aus der Natur" zur Verfügung stellen und werde Ihnen jeden der dafür nötigen Schritte ausführlich erklären, damit S i e den Kampf gegen die Zellulitis gewinnen!

Aber, wie bereits erwähnt, erwarten Sie bitte keine Wunder, denn schließlich sind diese Dellen (meist an Oberschenkeln und Po) ja auch nicht von heute auf morgen entstanden!

Zellulitis entwickelt sich niemals einfach „nur so", von jetzt auf gleich, sondern langsam, aber stetig, und genau deshalb dürfen Sie nun auch nicht erwarten, daß sie sich ganz auf die Schnelle – möglichst von einem Tag auf den anderen - „beseitigen" läßt.

Doch wie ich aus Erfahrung weiß, muß ich meinen Artgenossinnen das nicht erst lange erklären, denn ich bin davon überzeugt, daß die meisten Frauen sehr wohl über eine gehörige Portion logisches Denkvermögen verfügen und sicherlich auch über eine nicht weniger geringe Portion gesunder Selbstkritik! Deshalb wird auch jede Leserin für sich selbst am besten beurteilen können, wo genau die bisher verursachten Fehler in puncto Ernährung und Lebensweise liegen. Und Sie ganz allein wissen, wie Sie die Zellulitis in ihrem Wachstum – wenn auch unbeabsichtigt - regelrecht „gefördert" haben.

Für den Fall jedoch, daß Ihnen die Ursachen für das Entstehen der Orangenhaut nicht bekannt sind - hier einige Möglichkeiten, wie diese unschönen Dellen entstehen können:

- Sie kennen sportliche Betätigung lediglich vom „Hörensagen", weil Sie körperliche Aktivität als Greuel oder Zumutung empfinden! Oder Sie schütten beispielsweise schwarzen Tee und/oder Kaffee literweise in sich hinein, natürlich ohne sich der Konsequenz dieser wenig gesunden Gewohnheit auch nur ansatzweise bewußt zu sein!

- Kann auch sein, daß Sie rauchen wie ein Schlot, oder aber sich - oder besser gesagt Ihre Organe - durch die regelmäßige Einnahme von Medikamenten über all die Jahre hinweg regelrecht vergiftet haben!

- Oder Sie haben vor einiger Zeit Ihre „große Liebe" zu Süßigkeiten entdeckt und können diesen leckeren Versuchungen nun nicht mehr widerstehen!

- Oder Sie möchten ganz einfach glauben, daß – wenn schon Ihre Mutter und Großmutter unter dem Problem der Orangenhaut zu leiden hatten – Sie das nun selbstverständlich ebenfalls müssen!

Hier bei diesem speziellen Punkt muß ich allerdings heftig widersprechen - denn genau das müssen Sie nicht!
Aber als passable und bequeme Ausrede dient es allemal! Ich persönlich bin felsenfest davon überzeugt, daß – wenn man seine Fettzellen jedenfalls nicht regelmäßig und mit Hingabe „füttert", diese nicht explosionsartig wachsen können.
Nun, ich bedauere, so einfach ist das!
Aber dieser Part der Geschichte steht auf einem anderen Blatt und jede Betroffene sollte einmal in aller Ruhe darüber nachdenken, warum sie sich so sehr an Gedankengänge wie diese oder ähnliche klammert. Aber auch das mentale „Speichern" von irreführenden Informationen im Unterbewußtsein ist ein spezielles Thema für sich.

Die Palette von Ursache und Wirkung der Zellulitis ist also breit gefächert, und würde man sich die Mühe machen, diese Ursachen in geistige, seelische und körperliche zu unterteilen, würden sich einige Bücher damit füllen lassen. Aber: Grau ist alles Theorie.

Wir wollen Taten sehen – denn dieses Buch ist gedacht für die Praktikerinnen unter Ihnen, die in Eigenverantwortung etwas für sich und ihre Gesundheit und – nicht zu vergessen natürlich – auch für ihre Schönheit tun möchten.

Deshalb habe ich ganz bewußt auf verwirrendes „Fachchinesisch" verzichtet und mich auf das Wesentliche konzentriert.

Sie werden also mit Hilfe der in diesem Buch enthaltenen Informationen schon binnen kürzester Zeit erkennen, weshalb sich gerade Ihr Körper bei Ihnen mit einer Zellulitis „bedankt", und genau erfahren, was Sie künftig alles unternehmen können, um Ihren Körper nicht mehr als notwendig zu strapazieren!

Wie eingangs schon erwähnt, W u n d e r kann ich Ihnen allerdings nicht versprechen.

Wenn Sie allerdings Bereitschaft zeigen, die aufgeführten Vorschläge in die Tat umzusetzen - zumindest jene, die Ihnen persönlich zusagen - dann werden Sie im Verlauf der nächsten Wochen und Monate die ersten Erfolge für sich verbuchen können. Tatsächlich werden Sie das Ergebnis Ihrer Mühe nicht nur sehen, sondern sich endlich auch wieder wohler fühlen!

Ihre Haut dürfte nach Ablauf dieser Zeit um einiges glatter und jünger aussehen, und Sie werden wahrscheinlich sehr viel besser als vorher schlafen, denn viele der von mir empfohlenen Kräuter (meist in Form von Tees!), die Ihrer Zellulitis zu Leibe rücken werden, wirken sich auch positiv auf Ihr vegetatives Nervensystem aus.

Doch damit nicht genug!

Durch all diese positiven Veränderungen dürfte auch das durch die Zellulitis nach und nach geschrumpfte Selbstvertrauen langsam aber sicher zu neuem Leben erwachen. Und Sie wissen ja sicherlich selbst: Ein gestärktes Selbstbewußtsein läßt Sie von innen heraus strahlen, was wiederum bewirkt, daß Sie sehr viel attraktiver und begehrenswerter auf andere wirken ...

Wie lange diese Anti-Zellulitis-Kur dauert?

Nun ... dazu muß ich sagen, daß es ganz alleine darauf ankommen wird, wie Sie die Sache angehen und wieviel Begeisterung und Power sie einbringen möchten!

Und es liegt auch ganz alleine an Ihnen zu entscheiden, welche der Vorschläge Sie anwenden möchten! Nur Sie entscheiden über die „Zusammensetzung" und natürlich auch über die Dauer dieser individuell anwendbaren „Kur".

Nun, Ihr ganz persönlicher Erfolg wird unter anderem auch davon abhängen, worauf Sie für die Dauer einiger Wochen/Monate? - verzichten wollen/können und - worauf nicht!

Ich zeige Ihnen lediglich verschiedene Wege, wie Sie die Zellulitis loswerden können, und an Ihnen liegt es dann, ob Sie entweder alle der aufgezeigten Möglichkeiten ausprobieren wollen, oder nur einige! Sie sollen entscheiden, was für Sie gut und richtig ist.

Ferner kommt es noch darauf an, wie „opferbereit" Sie von Natur aus sind. Mit „opferbereit" meine ich, wie leicht oder schwer es Ihnen fällt, auf bestimmte Dinge, Nahrungsmittel, schlechte Gewohnheiten usw. zu verzichten.

Gelingt es Ihnen, für einige Wochen konsequent auf das eine oder andere zu verzichten, weil Sie von Haus aus ein Mensch mit eisernem Willen sind, dann stellt sich der Erfolg logischerweise auch schneller ein! Bevorzugen Sie aber hingegen im Leben eher die kleinen, vorsichtigen Schritte und können nur schwer auf alte, unliebsame Gewohnheiten verzichten, weil Ihnen Ihr Leben sonst nicht mehr lebenswert erscheint, dann wird sich die Anti-Zellulitis-Kur über Monate hinziehen!

Sie sehen schon, ganz egal, wie Sie es drehen und wenden, ich bin ganz gewiß nicht bereit, Ihnen die Verantwortung für Ihren Körper abzunehmen, und schon deshalb kommt es ganz alleine darauf an, wie konsequent S i e handeln.

Dafür werden Sie aber sehr wahrscheinlich angenehm überrascht sein, wie gering der finanzielle Aufwand für diese Kur ist.

Was Sie für den „Kampf gegen die Zellulitis" benötigen:

- Verschiedene Kräuter und Tee-Mischungen, wie im Buch beschrieben!
- Eine Massagebürste mit Naturborsten oder alternativ einen guten Luffa-Handschuh.
- Gelatine-Kapseln aus der Apotheke – die Sie – wenn Sie möchten – auch selbst füllen können, und zwar mit kleingemahlenen Kräutern, vorzugsweise mit einer Alge, die ich Ihnen noch nenne.
- Ein Gefäß für Fußbäder.
- Zutaten für die Anti-Zellulitis-Salbe (werden später aufgelistet!).
- Grapcfruitsaft ungesüßt (in Massen!).
- Jede Menge Konsequenz.
- Ca. 10 Minuten Bewegung täglich!
- Kaltes und warmes Wasser.
- Heilerde aus der Apotheke.
- Cayennepfeffer.
- Worcester-Soße.
- Tabasco-Soße.
- Kardamom gemahlen.

- Molke aus dem Supermarkt oder selbst zubereitet!
- Und noch mehr Konsequenz ...

Was Sie während dieser Zeit nicht benötigen:

- Literweise schwarzen Kaffee oder schwarzen Tee.
- Scharfe Gewürze – zumindest für die Dauer Ihrer Anti-Zellulitis-Kur (gilt nicht für Cayennepfeffer, Tabasco-Soße und Worcester-Soße, da diese zu den „Fettverdauern" zählen!)
- Schachtelweise Zigaretten.
- Täglich heiße Bäder.
- Fettes Fleisch, fette Wurst, fetten Käse usw.
- Jede Menge Chips und braune Limonade.
- Schachtelweise Pralinen.
- Täglich Mehlspeisen.
- Lethargische Bewegungslosigkeit,

- um nur einige der vielen Dinge, Nahrungsmittel und anderen schlechten Gewohnheiten zu nennen, denen Sie sehr wahrscheinlich diese unschönen Dellen an Po und Oberschenkeln verdanken.

Schreiten wir zur Tat! Der Einfachheit halber habe ich alles, was ich Ihnen empfehlen möchte, in verschiedene „Schritte" unterteilt. So behalten Sie besser den „Überblick"!

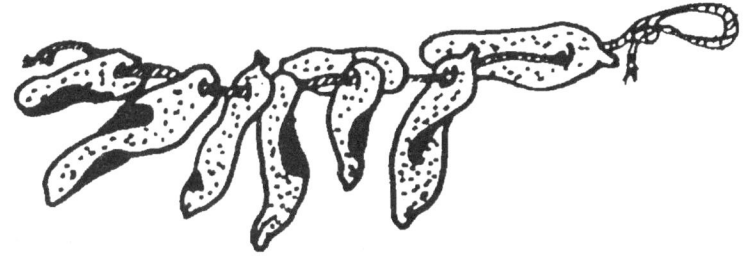

Die sieben magischen Tips gegen Zellulitis

Der e r s t e Schritt

(Und vielleicht ist dieser Schritt der wichtigste!)

Er beginnt mit der Entgiftung Ihres Körpers!
Das ist wirklich sehr wichtig, gerade dann, wenn Sie zu jenen Menschen gehören, die täglich viel Kaffee, schwarzen Tee oder alkoholhaltige Getränke zu sich nehmen, stark rauchen, gerne Süßigkeiten essen – womöglich viel und regelmäßig Schokolade - scharf gewürzte Speisen bevorzugen, regelmäßig Medikamente einnehmen, oder aber über einen träge funktionierenden Stoffwechsel verfügen.

Zusammengefaßt bedeutet das jetzt für Sie, den Körper ab sofort von all den schädlichen Schlacken zu befreien, die sich dort über all die Jahre (oder gar Jahrzehnte hinweg) angesammelt haben! Und – Sie sollten ab jetzt auf eine geregelte und gut funktionierende Verdauung achten!

Eine träge Verdauung ist nämlich bereits eine der Ursachen für Gewichtszunahme und Zellulitis. Denn können Giftstoffe (Schlacken, Abfallprodukte) verschiedenster Art und Herkunft vom Körper nicht schnell genug und regelmäßig ausgeschieden werden, werden sie vom Körper „gezwungenermaßen" gespeichert, unter anderem auch in den Organen, obwohl Schlacken dort absolut nichts verloren haben.

Diese im Körper gespeicherten Giftstoffe sind oftmals die Ursache vieler Krankheiten oder Auslöser für alle nur denkbaren Befindlichkeitsstörungen und können im „günstigsten" Falle mitverantwortlich sein zum Beispiel für heftige, immer wiederkehrende Kopfschmerzen.

Im schlimmsten Falle erzeugen Ablagerungen von Giftstoffen ernst zunehmende Krankheiten! - beispielsweise der Nieren, der Leber, Blut-Kreislauf-Erkrankungen usw.

Wie kommt es nun, daß sich der Körper selbst vergiftet?

Meist ist neben den bereits aufgeführten Beispielen auch noch eine mangelnde Bereitschaft an körperlicher Bewegung in frischer Luft vorhanden und ein allzu reichhaltiges Nahrungsangebot. Meistens ißt man das Falsche - zuviel Fett, zuviel Eiweiß (tierisches), zuviel Kohlenhydrate in Form von Zucker und Stärke - und das Ganze wird dann noch „gekrönt", indem man diese Nahrungsmittel auch noch mit den falschen Getränken zu sich nimmt (zum Beispiel Kaffee, Bier, Wein, Limonade usw.).

Es ist bezeichnend, daß es überwiegend die korpulenteren Zeitgenossen sind, die eine ausgeprägte Schwäche zeigen für Mehlspeisen, Fette, Stärke, Schokolade, Kuchen, und was es da sonst noch so alles gibt an ungesunden, aber zweifelsohne schmackhaften Leckereien. Und obwohl es gerade diese Zeitgenossen sind, die eine an Mineralsalzen und Vitaminen reiche Nahrung bevorzugen sollten, weil deren Basen viele der schädlichen Säuren – die noch dazu den gesamten Stoffwechsel lähmen können – binden, zeigen ausgerechnet sie für eine vernünftige und deshalb gesunde Ernährung meist nur wenig Begeisterung!

Dabei wäre es so wichtig, dem täglichen Speiseplan ausreichend Rohkost in Form von Obst und Gemüse hinzuzufügen, weil diese reich ist an Mineralsalzen und Vitaminen, sehr wenig Eiweiß enthält und die innere Drüsensekretion anregt, was wiederum zu einem harmonischen Zusammenspiel des gesamten Stoffwechsels führt.

Das Blut würde dünnflüssiger, und auch die Schlacken im Körper könnten weitaus besser verbrannt werden, weil ja, schon bedingt durch die vernünftige Ernährung, der Gesamtstoffwechsel tüchtiger arbeiten kann. Wenn man noch dazu bedenkt, daß eine falsche Ernährungsweise, die unseren Körper verfettet und vergiftet, ihn auch noch anfällig werden läßt für

eine beachtliche Anzahl von Krankheiten wie Zu-
ckerkrankheit (Diabetes), Schlaflosigkeit, Haut-
entzündungen, Herz-Kreislaufbeschwerden, Ver-
änderung der Arterien und – letztendlich auch
für die an den typisch weiblichen Zonen unschönen Dellen – genannt Z e l l u l i t i s ...

*Wie rückt man nun dieser Selbstvergiftung am
besten zu Leibe?*

Hilfreich ist, wie bei fast allen körperlichen
Problemen, eine ausgewogene und ballaststoff-
reiche Ernährung, Bewegung an der frischen
Luft und nicht zuletzt die regelmäßige Stuhlent-
leerung, die hier in diesem speziellen Fall im
Vordergrund stehen sollte. Auch wenn Sie zu jenen Menschen gehören sollten, die regelmäßig
Abführpillen einnehmen und nun glauben, sie
hätten dieses heikle Problem damit gelöst und
im „Griff", lesen Sie bitte trotzdem weiter, denn
gerade ein über Jahre oder gar Jahrzehnte hinweg mit Abführmitteln gequälter Darm bedarf
dringend der Hilfe und der Regenerierung!

Nicht zu vergessen natürlich, daß all die in
den Abführmitteln enthaltene Chemie ebenfalls
nicht gänzlich aus dem Körper (und den Organen) ausgeschieden wurde und vielleicht ebenfalls zu Ihren gesundheitlichen Störungen beige-
tragen hat.

Nun bleibt es letztendlich jedem selbst überlassen, in wieweit er seiner Selbstverantwortung
in puncto Gesundheit und Wohlbefinden nach-
kommen möchte. Aber wenn Sie offen sind für
alternative „Angebote", empfehle ich folgende
Maßnahme zur Entgiftung und Wiederherstel-
lung Ihrer natürlichen Darmfunktionen:

Heilerde

Als sehr hilfreich hat sich die kurmäßige Einnahme von Heilerde erwiesen.
Dieses uralte Naturheilmittel (bekannt seit
etwa dem 3. Jahrtausend v. Chr.!) wird Ihnen
eine wirklich große Hilfe sein, wenn Sie Ihren
Körper innerlich wieder auf „Vordermann" bringen wollen!
Denn, innerlich angewandt, bindet Heilerde
(genannt Lehm oder Löß) die im Körper vorhan-
denen Giftstoffe und „befördert" sie auf natürli-
chem Wege wieder aus Ihrem Körper hinaus.

Außerdem sei an dieser Stelle noch bemerkt,
daß es bei chronischer Verstopfung im Verlauf
der Zeit meist auch noch zu einer nicht zu un-
terschätzenden Erkrankung der Nieren kommen
kann, wenngleich dies bis heute noch nicht de-
tailliert geklärt werden konnte, warum das so
ist. Vielleicht ein Grund mehr, ab sofort auf eine

geregelte Verdauung (und Entgiftung!) des Körpers zu achten!

Wenn Sie sich für eine kurmäßige Anwendung mit Heilerde entscheiden, achten Sie bitte beim Erwerb in der Apotheke oder im Reformhaus darauf, daß sie für die innerliche Anwendung geeignet ist!

(Nebenbei bemerkt können Sie zwei bis dreimal wöchentlich eine Gesichtsmaske daraus anrühren, die Ihrer Haut sehr gut bekommen wird! Lehm klärt den Teint, läßt Ausschläge und Pickel binnen kürzester Zeit verschwinden und hat obendrein noch eine bemerkenswert straffende Eigenschaft! Siehe im vorderen Teil des Buches).

Wie oft sollte man Heilerde einnehmen?

Zur Entgiftung, die ausgezeichnet dazu beitragen wird, der Zellulitis zu Leibe zu rücken, reicht es aus, wenn Sie folgendes tun:

Morgens auf nüchternen Magen ½ - 1 Teelöffel Heilerde auf ein Glas Wasser geben, eventuell gemischt mit einem Teelöffel naturtrübem Apfelessig, und trinken. Abends vor dem Schlafengehen dasselbe bitte noch einmal!

Der Geschmack ist erträglich, und wenn man sich noch dazu bewußt macht, was dieser Gesundheitsdrink auf Dauer bewirkt, wird es Ihnen sehr wahrscheinlich noch leichter fallen, die kurmäßige Anwendung ca. sechs bis acht Wochen durchzuhalten!

Eine Erhöhung der Dosis ist nicht empfehlenswert. Sollten Sie bereits Probleme im Darmbereich haben (Vorsicht vor Darmverschluß!), beraten Sie sich bitte vorher mit Ihrem Arzt oder Heilpraktiker!

Molke

Sie können Ihren Körper aber auch mit Hilfe von M o l k e entgiften – wenn Ihnen dieser Geschmack besser zusagt:

Sie können Ihre Molke als Fertigprodukt kaufen und jeden Tag ein Glas morgens auf nüchternen Magen trinken und abends noch einmal ein Glas vor dem Schlafengehen

Wenn Sie die Molke selbst herstellen möchten, was weitaus weniger kompliziert ist, als Sie glauben, benötigen Sie folgendes:

- 1 große Tasse frische Milch
- 3 große Tassen Buttermilch

Erhitzen Sie die Milch, ohne sie kochen zu lassen, schütten Sie die Milch in einen Topf oder in eine Schüssel, geben Sie die (kalte) Buttermilch dazu, rühren Sie alles gut um und lassen Sie es dann mindestens fünf Stunden ohne Deckel stehen! Danach schütten Sie das Gemisch in ein Sieb und haben auf diese Weise sogar auch noch frisch zubereiteten Quark – der ebenfalls in den täglichen Speiseplan mit eingebaut werden kann. Was an Flüssigkeit zurückbleibt, ist die Molke!

Probieren Sie es ruhig aus, Sie werden feststellen – es schmeckt nicht schlecht.

Ein großer Freund des Menschen - der Meerrettich

Meerrettich ist der große Feind einer ganzen Reihe von Stoffwechselgiften!

Wer kennt sie nicht, diese scharfe, schmackhafte Wurzel, die beim Reiben schon so manchen Menschen wegen ihrer ätherischen Öle zu Tränen rührte.

Mag ihr Geruch bei den sensiblen Naturen mitunter auch Augen und Atemwege reizen, wenn Sie zuviel davon „erwischen", darauf verzichten sollten Sie bei der Anti-Zellulitis-Kur nach Möglichkeit nicht!

Meerrettich ist ein bekömmliches, heilkräftiges Gewürz, das den menschlichen Körper auf äußerst gesunde Weise von Harnsäure und Stoffwechselgiften befreit!

Ganz egal, ob man den Meerrettich nun zu Fleisch, Wurst, Käse, Quark, Joghurt oder Salaten verwendet, die Wirkung läßt nicht allzu lange auf sich warten ...

Wenn Sie zu den eher sensiblen Naturen gehören, denen der intensiv würzige Geschmack wirklich nicht zusagt, bleibt für Sie noch immer die Möglichkeit, auf das folgende Rezept zurückzugreifen:

Für die Dauer von sechs bis acht Wochen jeden Tag einen Joghurt Natur vermischen mit Petersilie, Schnittlauch oder Basilikum und einem kleinen oder großen Löffel geriebenem Meerrettich!

Nehmen Sie diese kleine Zwischenmahlzeit jeden Tag zu sich und essen Sie anschließend ein Stück Obst – besonders gut geeignet sind Apfel oder Birne!

Auf diese Weise zubereitet, ist der typische Meerrettichgeschmack nicht allzu intensiv, aber nicht weniger wirkungsvoll! Eine angenehme Begleiterscheinung – falls Sie unter Akne oder anderen Hautproblemen zu leiden haben, ist:

Ihre Haut wird wunderbar rein und zart!

Und noch eine von den vielen angenehmen Begleiterscheinungen:

Sollten Sie zu den Idealisten gehören, die den Ehrgeiz besitzen, sich geriebenen Meerrettich selbst herstellen zu wollen – hier ein brauchbarer Tip, um Ihnen beim Reiben die Tränen zu ersparen:

Arbeiten Sie, falls möglich, im Freien oder tragen Sie eine Taucherbrille (nein, das ist kein Scherz, sondern Erfahrung!)

Kräuter zur Entgiftung des Körpers:

Sie dürfen selbstverständlich frei entscheiden, welche der Kräuter für Sie persönlich in Frage kommen! Doch berücksichtigen Sie dabei bitte, daß Sie nicht mehr als drei verschiedene Kräuter in einem Tee und pro Tag und Woche mischen sollten!

Ideal wäre folgendes:

Sie wählen ein bis drei Kräuter für sich aus (für den Zeitraum von zwei bis drei Wochen) und nehmen dann nach Ablauf dieser Zeit neue Kräuter, denn länger sollte man eine kurmäßige Anwendung mit ein- und denselben Heilkräutern nicht durchführen, weil es sich hierbei ja um eine medizinische Maßnahme handelt.

Es bleibt Ihnen auch selbst überlassen, auf welche Art und Weise Sie Ihre Kräuter auswählen. Sie können dabei nach Ihrer Intuition gehen. Wenn Sie ihr jedoch nicht ausreichend vertrauen, wäre Kinesiologie eine sehr gute und sehr genaue Testmethode, um herauszufinden, welche Kräuter von Ihrem Körper gerade benötigt werden. Wie Kinesiologie (Muskeltest) funktioniert, erkläre ich Ihnen im Anschluß noch ganz genau!

Doch nun zurück zu unseren Heilkräutern, die ja ein sehr wichtiger Bestandteil der Anti-Zellulitis-Kur darstellen.

Aus folgenden Kräutern können Sie sich einen Tee wie beschrieben brauen:

Artischocke, lat. *Cynara scolymus*
- 2 gehäufte TL auf 1 l kochendes Wasser
- 8 - 10 Minuten bei geschlossenem Deckel ziehen lassen
- Über den Tag verteilt vor den Mahlzeiten trinken

Birkenblätter, lat. *Betula alba*
- 8 TL auf 1 l Wasser
- 3 - 4 Minuten köcheln lassen
- 8 - 10 Minuten bei geschlossenem Deckel ziehen lassen
- Über den Tag verteilt trinken – großer Abstand zu den Mahlzeiten

Bitterklee, lat. *Menyanthes trifoliata*
- 8 TL auf 1 l Wasser
- 1 - 2 Minuten kochen lassen

- 8 - 10 Minuten bei geschlossenem Deckel ziehen lassen.
- Im Verlauf des Tages trinken

Enzian, lat. *Gentiana lutea*
- 8 TL auf 1 l Wasser
- 3 - 4 Minuten köcheln lassen
- 8 - 10 Minuten bei geschlossenem Deckel ziehen lassen
- Im Verlauf des Tages trinken – großer Abstand zu den Mahlzeiten
- Dosis nicht überschreiten!

Erika, lat. *Calluna vulgaris*
- 8 TL auf 1 l Wasser
- 3 - 4 Minuten köcheln lassen
- 10 Minuten bei geschlossenem Deckel ziehen lassen
- Zwischen den Mahlzeiten im Verlauf des Tages trinken

Esche, lat. *Fraxinus excelsior*
- 8 TL auf 1 l Wasser
- 1 Minute kochen
- 8 - 10 Minuten bei geschlossenem Deckel ziehen lassen
- Über den Tag verteilt trinken – großer Abstand zu den Mahlzeiten

Hagebutte, lat. *Rosa canina*
- 8 TL auf 1 l Wasser
- 1 Minute kochen
- 8 - 10 Minuten bei geschlossenem Deckel ziehen lassen
- Über den Tag verteilt trinken – großer Abstand zu den Mahlzeiten

Holunder, lat. *Sambucus nigra*
- 8 TL auf 1 l Wasser
- 1 - 2 Minuten köcheln
- 8 - 10 Minuten bei geschlossenem Deckel ziehen lassen
- Über den Tag verteilt – zwischen den Mahlzeiten trinken

Johannisbeerblätter, lat. *Ribes nigrum*
- 8 TL auf 1 l Wasser
- 2 Minuten köcheln lassen
- 8 - 10 Minuten bei geschlossenem Deckel ziehen lassen
- Über den Tag verteilt trinken – großer Abstand zu den Mahlzeiten

Klette, lat. *Arctium lappa*
- 8 TL auf 1 l Wasser
- 4 - 5 Minuten köcheln lassen
- 8 - 10 Min. bei geschlossenem Deckel zie-

hen lassen
- Über den Tag verteilt trinken – zwischen den Mahlzeiten

Linde, lat. *Tilia europaea*
- 10 TL auf 1 l Wasser
- 4 - 5 Stunden in kaltem Wasser mazerieren. Danach langsam erhitzen aber nicht kochen lassen.
- 15 Minuten ziehen lassen.
- Über den Tag verteilt trinken – großer Abstand zu den Mahlzeiten

Löwenzahn, lat. *Taraxacum officinale*
- 10 TL auf 1 l Wasser
- 4 Minuten köcheln lassen
- 10 - 12 Minuten ziehen lassen bei geschlossenem Deckel
- Über den Tag verteilt trinken – zwischen den Mahlzeiten

Pinie, lat. *Pinus silvestris*
- 8 TL auf 1 l Wasser
- Die jungen Sprossen mit kochendem Wasser überbrühen und 10 – 12 Minuten ziehen lassen
- Über den Tag verteilt trinken – mit großem Abstand zu den Mahlzeiten

Rose, lat. *Rosa centifolia*
- 8 TL auf 1 l Wasser
- Wasser zum Kochen bringen und 10 - 12 Minuten ziehen lassen
- Über den Tag verteilt trinken – zwischen den Mahlzeiten

Taubnessel, lat. *Lamium album*
- 8 TL auf 1 l Wasser
- 1 - 2 Minuten kochen
- 8 – 10 Minuten ziehen lassen
- Über den Tag verteilt trinken – zwischen den Mahlzeiten

Wacholder, lat. *Juniperus communis*
- 8 TL auf 1 l Wasser
- 3 - 4 Minuten köcheln lassen
- 8 - 10 Minuten ziehen lassen
- Über den Tag verteilt trinken – in großem Abstand zu den Mahlzeiten

Wacholderbeeren!! A c h t u n g :

Falls Sie keine Probleme mit den Nieren haben, können Sie folgendes Rezept zur Entgiftung Ihres Körpers ausprobieren:

Besorgen Sie sich Wacholderbeeren aus der Apotheke

Zerkauen Sie am 1. Tag eine Beere, am 2. Tag zwei Beeren, am 3. Tag drei usw. – bis Sie am 21. Tag bei einundzwanzig Beeren pro Tag angelangt sind.

Danach das Ganze rückwärts: Also jeden Tag wieder eine Beere weniger, bis Sie wieder bei einer Beere angelangt sind. Dann haben Sie Ihrem Körper bzw. Ihrem Blut etwas Gutes getan!

Aber bitte nur praktizieren, wenn Ihre Nieren absolut in Ordnung sind, denn sonst fügen Sie sich mehr Schaden zu als Nutzen. Vergessen Sie während dieser Kur bitte nicht, daß Sie pro Tag mindestens 3 l Flüssigkeit zu sich nehmen müssen, damit die Schlacken aus Ihrem Körper herausgespült werden können!

Am besten wäre ein stilles Mineralwasser mit einem kleinen Schuß Apfelessig oder einem Spritzer Zitronensaft von ungespritzten Früchten.

Wiesengeißbart, lat. *Spiraea ulmaria*

- 8 TL auf 1 l Wasser
- 1 - 2 Minuten kochen lassen
- 8 - 10 Minuten bei geschlossenem Deckel ziehen lassen
- Über den Tag verteilt trinken – in großem Abstand zu den Mahlzeiten

Der z w e i t e Schritt

Wechselduschen!

Die regelmäßige Anwendung von Wechselduschen wird Sie bei Ihrem Vorhaben, der Zellulitis
den Garaus zu machen, auf sinnvolle Weise unterstützen!

Gerade im Bereich der schlecht durchblute-
ten „Problemzonen" sind Wechselduschen von
großem Vorteil, weil sie die Durchblutung ganz
erheblich fördern und gleichzeitig Schlackenstof-
fe aus dem Gewebe transportieren!

Da die tägliche Reinigung des Körpers bei vielen Menschen ohnehin meist durch das angenehme Duschen erfolgt, dürfte diese hilfreiche
Maßnahme im Kampf gegen die Zellulitis wohl
kaum jemandem das Leben erschweren und sich
nicht störend auf den Tagesablauf auswirken.

Doch bevor Sie nun zur Tat schreiten, möchte
ich Ihnen hierzu noch einige Empfehlungen mit
auf den Weg geben, damit Sie sich bei der Anwendung von Heiß- bzw. Warm/Kalt- (Wechsel) duschen nicht durch unsachgemäße Handhabung
womöglich mehr schaden als nutzen:

- Beginnen Sie mit einer Bürstenmassage der
  Problemzonen vor dem Duschen – aber bitte
  n i c h t übertreiben!

- Wechselduschen – warm/kalt sollten nicht von Menschen mit Herz- oder Kreislaufproblemen angewandt werden.
- Beachten Sie bitte auch, daß es für die Gesundheit nicht bekömmlich ist, wenn man einen bereits kalten, frierenden Körper zuerst mit einer kalten anstatt mit einer warmen Dusche „bearbeitet".
- Der Körper sollte zuerst immer warm/erwärmt sein, bevor man ihn dem kalten Strahl der Dusche aussetzt.
- Bitte den Körper nur wenige Sekunden kalt abduschen!
- Nur dann Kalt-Warmduschen anwenden, wenn es Sie keine allzu große Überwindung kostet, oder Sie beschränken sich ausschließlich auf den „Problembereich"!
- Nach dem Duschen die Schönheitssalbe, deren Rezept ich Ihnen in diesem Buch noch verraten werde, mit kreisenden Bewegungen einmassieren!

Der d r i t t e Schritt

Den Stoffwechsel auf Trab bringen!

Ein gut funktionierender Stoffwechsel verbrennt mehr an Energie, das bedeutet: Sie verlieren Gewicht – oder nehmen nicht so schnell zu! Dem Stoffwechsel „Beine" machen kann man mit Bädern, Teemischungen, Bewegung, Cayennepfeffer, Kardamom, Worcester-Soße, Tabasco und Wechselduschen!

Ich empfehle Ihnen im übrigen, Ihren träge arbeitenden Stoffwechsel durch einen Arzt oder Heilpraktiker untersuchen zu lassen, denn nur dieser wird Ihnen nach eingehender Untersuchung sagen können, ob nicht doch eine ernstzunehmende Krankheit dahintersteckt. Man denke in diesem Zusammenhang beispielsweise an eine Schilddrüsenunterfunktion!

Tatsache ist, daß unser Stoffwechsel ein kompliziertes Zusammenspiel sämtlicher Organe darstellt – zu vergleichen mit einem Uhrwerk, bei dem jedes Rädchen seine Aufgabe hat. Und wenn eines ausfällt, gerät das ganze System aus dem Gleichgewicht. Und so ist unser Körper ein wahres Wunderwerk, bei dem Leber, Nieren, Verdauungstrakt, Enzyme, die Ausscheidung von Schlacken und Giftstoffen über den Darm usw. eine wesentliche Rolle spielen. Und so ist es kein Wunder, daß ein träger Stoffwechsel unter anderem auch die Zellulitis begünstigt.

Wie bringt man ihn nun wieder in Schwung, diesen allzu bequemen Stoffwechsel?

Nun, so schlimm ist das Ganze nicht.

Wenn Sie sich dazu überwinden könnten, sich täglich mindestens zehn Minuten intensiver, sportlicher Bewegung auszusetzen, wäre das sicherlich bereits ein sehr guter Anfang!

Dabei bleibt es Ihnen natürlich abermals selbst überlassen, wie Sie diese sehr wichtigen zehn Minuten in Ihr Tagesprogramm „einbauen" und in welcher Form das für Sie geschieht. Und es spielt dabei auch keine entscheidende Rolle, ob Sie dies tun, indem Sie einmal um den Block joggen, sich auf den Heimtrainer setzen, zu rhythmischen Klängen tanzen, Seil springen, Treppen steigen oder was auch immer.

Wichtig ist nur das eigentliche Ziel dieser Anstrengung: Diese Anti-Zellulitis-Methode mit Erfolg anzuwenden! Und - vermeiden Sie während dieser Zeit bitte unbedingt, sich mit den vielseitigen Sorgen Ihres Tagesablaufes zu beschäftigen, denn negative Gedanken bringen negative Erfolge!

Gedanken sind Magie und deshalb auch verantwortlich für Erfolg oder Mißerfolg eines Unternehmens!

Nachdem ich Ihnen jetzt einige Anregungen für die „sportliche Variante" beim Kampf gegen die Zellulitis aufgezählt habe, hier eine Variante, die ebenfalls stoffwechselaktivierend wirkt – aber diesmal innerlich!

Achtung:

Sie dürfen diese Variante nicht anwenden, wenn Sie Probleme mit der Schilddrüse haben! Weder Über- noch Unterfunktion!

Lassen Sie das bitte gegebenenfalls von einem Fachmann abklären!

Falls Sie sich in puncto Schilddrüse bester Gesundheit erfreuen, empfehle ich Ihnen folgendes:

Die Zubereitung von Blasentang-Kapseln (*Fucus vesiculosus*)

- 50 g Thallus gemahlen (= verwendete Teile vom Blasentang).
- Gelatine-Kapseln zum Selberfüllen (Apotheke).

Kapseln empfehle ich deshalb, weil man Blasentang als Tee zwar durchaus zubereiten kann – ich aber bisher noch niemanden getroffen habe, der diesen extrem unangenehmen Geschmack vertragen hat!!

Ich selbst bin zweifelsohne eine jener Frauen, die schon aus Gründen vieler Selbstversuche alles Mögliche (und manchmal auch beinahe Unmögliches) an sich selbst ausprobiert hat, aber diesen intensiv penetranten Geschmack nach Fisch konnte und wollte auch ich mir beim besten Willen nicht antun, und das nicht nur, weil ich ohnehin überzeugte Vegetarierin bin. Aber Scherz beiseite, ich kenne tatsächlich niemanden, der diesen Tee bisher hätte trinken können.

Also – wenn auch Sie Ihre Geschmacksnerven nicht unnötigerweise „beleidigen" wollen, dann greifen Sie besser zu den Kapseln, die Sie bitte jedesmal mit mindestens einem großen Glas Wasser „hinunterspülen"!

Natürlich können Sie sich die Kapseln auch in der Apotheke füllen lassen, aber ich möchte Ihnen eben auch die preiswerteste Variante empfehlen. Allerdings ist das Füllen der Kapseln eine Art Geduldspiel! Man kann den Seetang nochmals in einer der alten Kaffeemühlen zerkleinern, damit erzielt man gute Erfolge, denn der Seetang – so wie man ihn in der Apotheke bekommt – ist zu grob, um in die Gelatine-Kapseln hineinzupassen. Dabei kann man sich mit einem Blatt Papier behelfen, das man wie eine kleine Tüte faltet, in die man das feingemahlene Pulver schüttet. Dann diese kleine „Papiertüte" an einer Stelle der Öffnung zusammendrücken und damit die Kapsel füllen.

Aber Ihr Apotheker übernimmt diese Arbeit sicherlich gerne, denn er verfügt über eine Füllmaschine.

Nun noch einige aufklärende Worte zu *Fucus vesiculosus*:

Fucus, auch Meereiche genannt, enthält große Mengen an Jod und wirkt auf sanfte Weise stimulierend auf die Schilddrüse, die ja die Stoffwechselprozesse im Körper steuert!

Vergessen Sie aber bitte keinesfalls – sollten Sie unter Schilddrüsenproblemen egal welcher Art leiden – oder wenn Sie unsicher sind, ob diese Methode zur unterstützenden Beseitigung der Zellulitis für Sie in Frage kommt – sich vorher mit Ihrem Arzt oder Heilpraktiker zu beraten!

Verwenden Sie *Fucus vesiculosus* ebenfalls nur kurmäßig – ca. sechs bis acht Wochen lang, danach eine Pause von vier bis sechs Wochen einlegen! *Fucus vesiculosus* ist allerdings ebenfalls nicht für den Dauergebrauch geeignet!

Grapefruit

Nun zu einer weiteren und ebenfalls sehr hilfreichen Maßnahme, denn der Garten – hier in diesem Falle der Obstgarten - der Natur hat eine ganze Menge zu bieten, um uns Menschen zu helfen, das eine oder andere Problem unseres

Körpers in den Griff zu bekommen! Wir empfehlen die Grapefruit - eine wahrlich schlanke Frucht! (Siehe dazu auch mein Buch: *Die schlanke Hexenküche.*)

Wenn Sie sich angewöhnen könnten, täglich vor den Mahlzeiten ein Glas reinen, ungesüßten Grapefruitsaft zu trinken, würde das auf sehr gesunde Weise dazu beitragen, Ihre Fettverbrennung anzukurbeln.

Aber bitte achten Sie darauf, daß Sie wirklich nur ungezuckerten Grapefruitsaft zu sich nehmen, und bitte verzichten Sie hier in diesem Falle auch darauf, den Saft mit Süßstoffen (egal welcher Art) zu süßen. Denn sonst muß sich Ihr Stoffwechsel bereits wieder mit dem Abtransport von überflüssigen Giftstoffen beschäftigen.

Kardamom, Cayennepfeffer, Tabasco und Worcester-Soße können Sie nach Belieben Ihren Speisen zufügen – aber bitte nicht übertreiben! Verwenden Sie von diesen Gewürzen lediglich so viel, daß Ihnen das Essen noch mundet.

Der vierte Schritt

Kräuter

Wir kommen jetzt zu den Anti-Zellulitis-Kräutern, die als Tee regelmäßig getrunken werden. Sie haben die Wahl!

Suchen Sie sich Ihr ganz persönliches „Kraut" aus oder mischen Sie bis zu drei dieser Heilkräuter miteinander! Zu Ihrer Verfügung stehen folgende „kleine Helfer":

Wiesengeißbart (die ganze Pflanze), lat. *Spiraea ulmaria*:

- 8 TL voll auf ca. 1 Liter Wasser
- 1 - 2 Minuten köcheln lassen
- 8 - 10 Minuten bei geschlossenem Deckel ziehen
- Über den Tag verteilt trinken – großer Abstand vor den Mahlzeiten

Verbene, lat. *Lippia citriodora*:

- 8 TL auf ca. 1 l Wasser
- 1 - 2 Minuten köcheln lassen
- 8 - 10 Minuten bei geschlossenem Deckel ziehen lassen
- Über den Tag verteilt trinken – großer Abstand zu den Mahlzeiten

Roter Wein, lat. *Vitis vinifera*
- 8 TL auf ca. 1 l Wasser
- 1 - 2 Minuten köcheln lassen
- 8 - 10 Minuten bei geschlossenem Deckel ziehen lassen
- Über den Tag verteilt trinken – großer Abstand zu den Mahlzeiten

Wacholder, lat. *Juniperus communis*
- 8 TL auf ca. 1 l Wasser
- 1 – 2 Minuten köcheln lassen
- 8 - 10 Minuten bei geschlossenem Deckel ziehen lassen
- Über den Tag verteilt trinken – großer Abstand zu den Mahlzeiten

Salbei, lat. *Salvia officinalis*
- 8 TL auf ca. 1 l Wasser
- 1 - 2 Minuten köcheln lassen
- 8 - 10 Minuten bei geschlossenem Deckel ziehen lassen
- Über den Tag verteilt trinken – großer Abstand zu den Mahlzeiten

Rosmarin, lat. *Rosmarinus officinalis*
- 8 TL auf ca. 1 l Wasser
- 1 - 2 Minuten köcheln lassen
- 8 - 10 Minuten bei geschlossenem Deckel

ziehen lassen
- Über den Tag verteilt trinken – großer Abstand zu den Mahlzeiten

Quecke, lat. *Agropyrum repens*
- 8 TL auf ca. 1 l Wasser
- 1 - 2 Minuten köcheln lassen
- 8 - 10 Minuten bei geschlossenem Deckel ziehen lassen
- Über den Tag verteilt trinken – großer Abstand zu den Mahlzeiten

Olivenblätter, lat. *Olea europaea*
- 8 TL auf ca. 1 l Wasser
- 1 - 2 Minuten köcheln lassen
- 8 - 10 Minuten bei geschlossenem Deckel ziehen lassen
- Über den Tag verteilt trinken – großer Abstand zu den Mahlzeiten

Minze, lat. *Mentha viridis* (Ährenminze)
- 8 TL auf ca. 1 l Wasser
- 1 - 2 Minuten köcheln lassen
- 8 - 10 Minuten bei geschlossenem Deckel ziehen lassen
- Über den Tag verteilt trinken – großer Abstand zu den Mahlzeiten

Melisse, lat. *Melissa officinalis*
- 8 TL auf ca. 1 l Wasser
- 1 - 2 Minuten köcheln lassen
- 8 - 10 Minuten bei geschlossenem Deckel ziehen lassen
- Über den Tag verteilt trinken – großer Abstand zu den Mahlzeiten

Mais, lat. *Zea Mays*
- 8 TL auf ca. 1 l Wasser
- 1 - 2 Minuten köcheln lassen
- 8 - 10 Minuten bei geschlossenem Deckel ziehen lassen
- Über den Tag verteilt trinken – großer Abstand zu den Mahlzeiten

Löwenzahn, lat. *Taraxacum officinale*
- 8 TL auf ca. 1 l Wasser
- 1 - 2 Minuten köcheln lassen
- 8 10 Minuten bei geschlossenem Deckel ziehen lassen
- Über den Tag verteilt trinken – großer Abstand zu den Mahlzeiten

Lavendel, lat. *Lavandula officinalis*
- 8 TL auf ca. 1 l Wasser
- 1 - 2 Minuten köcheln lassen
- 8 - 10 Minuten bei geschlossenem Deckel

ziehen lassen
- Über den Tag verteilt trinken – großer Abstand zu den Mahlzeiten

Königskerze, lat. *Verbascum thapsus*
- 8 TL auf ca. 1 l Wasser
- 1 - 2 Minuten köcheln lassen
- 8 - 10 Minuten bei geschlossenem Deckel ziehen lassen
- Über den Tag verteilt trinken – großer Abstand zu den Mahlzeiten

Kirsche, lat. *Prunus vulgaris*
- 8 TL auf ca. 1 l Wasser
- 1 - 2 Minuten köcheln lassen
- 8 - 10 Minuten bei geschlossenem Deckel ziehen lassen
- Über den Tag verteilt trinken – großer Abstand zu den Mahlzeiten

Holunder, lat. *Sambucus nigra*
- 8 TL auf ca. 1 l Wasser
- 1 - 2 Minuten köcheln lassen
- 8 - 10 Minuten bei geschlossenem Deckel ziehen lassen
- Über den Tag verteilt trinken – großer Abstand zu den Mahlzeiten

Hibiscus, lat. *Hibiscus sabdariffa*
- 8 TL auf ca. 1 l Wasser
- 1 - 2 Minuten köcheln lassen
- 8 - 10 Minuten bei geschlossenem Deckel ziehen lassen
- Über den Tag verteilt trinken – großer Abstand zu den Mahlzeiten

Fenchel, lat. *Foeniculum vulgare*
- 8 TL auf ca. 1 l Wasser
- 1 - 2 Minuten köcheln lassen
- 8 - 10 Minuten bei geschlossenem Deckel ziehen lassen
- Über den Tag verteilt trinken – großer Abstand zu den Mahlzeiten

Esche, lat. *Fraxinus excelsior*
- 8 TL auf ca. 1 l Wasser
- 1 - 2 Minuten köcheln lassen
- 8 - 10 Minuten bei geschlossenem Deckel ziehen lassen
- Über den Tag verteilt trinken – großer Abstand zu den Mahlzeiten

Erika, lat. *Calluna vulgaris*
- 8 TL auf ca. 1 l Wasser
- 1 - 2 Minuten köcheln lassen
- 8 - 10 Minuten bei geschlossenem Deckel

ziehen lassen
- Über den Tag verteilt trinken – großer Abstand zu den Mahlzeiten

Erdbeerblätter, lat. *Fragaria vesca*
- 8 TL auf ca. 1 l Wasser
- 1 - 2 Minuten köcheln lassen
- 8 - 10 Minuten bei geschlossenem Deckel ziehen lassen
- Über den Tag verteilt trinken – großer Abstand zu den Mahlzeiten

Acker-Schachtelhalm, lat. *Equisetum arvense*
- 8 TL auf ca. 1 l Wasser
- 8 - 10 Minuten bei geschlossenem Deckel ziehen lassen
- Über den Tag verteilt trinken – großer Abstand zu den Mahlzeiten

Zitronenschale (ungespritzt!) getrocknet:
- 8 TL voll auf ca. 1 Liter Wasser
- 1 - 2 Minuten köcheln lassen
- Ca. 8 - 10 Minuten bei geschlossenem Deckel ziehen lassen
- Über den Tag verteilt trinken, möglichst in großem Abstand zu den Mahlzeiten

Der f ü n f t e Schritt

Wie Sie einen trägen Darm wieder auf „Vordermann" bringen!

Ein träger Darm verursacht so mancherlei an Krankheiten, wie man weiß!

Logisch, denn jeder kann sich vorstellen, was es bedeuten mag, wenn die „Abfallprodukte" zu lange im Körper verweilen und diesen dadurch regelrecht vergiften. Ganz abgesehen von dem unangenehmen Völlegefühl, das mit einer schlecht funktionierenden Verdauung einhergeht. Das bringt sicherlich kein positives Lebensgefühl, mal ganz zu schweigen von dem unangenehm aufgeblähten Bauch, der so manchen Rock- oder Hosenbund zum Kneifen bringt und einem an manchen Tagen das Dasein richtig schön vermiesen kann.

Sollten Sie sich, weil Sie genau unter diesem Problem seit vielen Jahren schon leiden, bereits an die regelmäßige Einnahme von Abführmitteln gewöhnt haben, kann ich Ihnen versprechen, daß Sie diese sehr bald schon für immer vergessen können, wenn Sie sich einige der hier aufgeführten Kräuter aussuchen und diese regelmäßig zu sich nehmen!

Doch üben Sie sich bitte auch hier wieder in Geduld, denn ein durch chemische Medikamente „malträtierter" Darm braucht natürlich eine gewisse Zeit der „Umgewöhnung"! Von der Chemie zurück zur Natur, also zu natürlichen Hilfsmitteln, eben in Form dieser Kräuter, ist für den Körper keine einfache Angelegenheit, denn er ist ja bereits „süchtig" nach den gewohnten Pillen. Also: Bitte auch hier etwas Geduld!

Und – bitte geraten Sie nicht gleich in Panik, wenn Sie erst nach drei bis fünf Tagen den Weg zur Toilette finden, was aber aller Wahrscheinlichkeit nach nicht der Fall sein wird, denn, wie ich aus Erfahrung weiß, wirken die hier aufgeführten Tees relativ schnell und zuverlässig!

Thymian, lat. *Thymus vulgaris*
- 1 - 2 TL Kraut auf 1 großer Tasse mit kochendem Wasser übergießen
- 8 - 10 Minuten ziehen lassen
- Nach dem Abendessen trinken

Süßholz, lat. *Glycyrrhiza glabra*
- 1 - 2 TL Kraut auf eine große Tasse mit kochendem Wasser überbrühen
- 8 - 10 Minuten ziehen lassen
- Nach dem Abendessen trinken

Stiefmütterchen, lat. *Viola tricolor*

- 1 - 2 TL Kraut auf eine große Tasse mit kochendem Wasser überbrühen
- 8 - 10 Minuten ziehen lassen
- Nach dem Abendessen trinken

Sternanis, lat. *Illicium anisatum*

- 1 - 2 TL Kraut auf eine große Tasse mit kochendem Wasser überbrühen
- 8 - 10 Minuten ziehen lassen
- Nach dem Abendessen trinken

Schafgarbe, lat. *Achillea millefolium*

- 1 - 2 TL Kraut auf eine große Tasse
- 1 Minute kochen lassen
- 8 - 10 Minuten bei geschlossenem Deckel ziehen lassen
- Nach dem Abendessen trinken

Quendel, lat. *Thymus serpyllum*

- 1 - 2 TL auf eine große Tasse
- 1 - 2 Minuten kochen lassen
- 8 - 10 Minuten bei geschlossenem Deckel ziehen lassen
- Nach dem Abendessen trinken

Quecke, lat. *Agropyrum repens*

- 1 – 2 TL auf eine große Tasse

- 8 - 10 Minuten bei geschlossenem Deckel ziehen lassen
- Nach dem Abendessen trinken

Pomeranze, lat. *Citrus aurantium*
- 2 TL Blütenknospen auf eine große Tasse, mit kochendem Wasser überbrühen
- 8 - 10 Minuten bei geschlossenem Deckel ziehen lassen
- Vor dem Frühstück und nach dem Abendessen jeweils eine Tasse trinken

Oregano, lat. *Origanum vulgare*
- 1 - 2 TL/große Tasse, mit kochendem Wasser überbrühen,
- 8 - 10 Minuten bei geschlossenem Deckel ziehen lassen
- Vor dem Frühstück und nach dem Abendessen jeweils eine Tasse trinken

Klette, lat. *Arcticum lappa*
- 1 - 2 TL auf eine große Tasse, mit kochendem Wasser überbrühen
- 8 - 10 Minuten bei geschlossenem Deckel ziehen lassen
- Nach dem Abendessen trinken

Kamille, römische, lat. *Anthemis nobilis*
- 1 - 2 TL auf eine große Tasse, mit

kochendem Wasser überbrühen
- 8 - 10 Minuten bei geschlossenem
  Deckel ziehen lassen
- Nach dem Abendessen trinken

Fenchel, lat. *Foeniculum vulgare*
- 1 - 2 TL Fenchelsamen auf eine große
  Tasse, mit kochendem Wasser überbrühen
- 8 - 10 Minuten bei geschlossenem Deckel
  ziehen lassen
- Nach dem Abendessen trinken

Esche, lat. *Fraxinus excelsior*
- 1 - 2 TL auf eine große Tasse, mit
  kochendem Wasser überbrühen
- 8 - 10 Minuten bei geschlossenem
  Deckel ziehen lassen
- Nach dem Abendessen trinken

Erdbeerblätter, lat. *Fragaria vesca*
- 1 - 2 TL auf eine große Tasse, mit
  kochendem Wasser überbrühen
- 8 - 10 Minuten bei geschlossenem
  Deckel ziehen lassen
- Nach dem Abendessen trinken

Borretsch, lat. *Borago officinalis*
- 1 - 2 TL auf eine große Tasse, mit
  kochendem Wasser überbrühen

- 8 - 10 Minuten bei geschlossenem Deckel ziehen lassen
- Vor dem Frühstück und nach dem Abendessen trinken

Basilikum, lat. *Ocimum basilicum*
- 1 - 2 TL auf eine große Tasse, mit kochendem Wasser überbrühen
- 8 - 10 Minuten bei geschlossenem Deckel ziehen lassen
- Vor dem Frühstück und nach dem Abendessen trinken!

Der s e c h s t e Schritt

Die Anti-Zellulitis-Creme

Wußten Sie, daß man sich so eine Creme auch selbst zubereiten kann? Nein? Nun, dann wird Sie das sicherlich sehr interessieren, denn ich spreche hier von einer sehr kostengünstigen Salbe, die Sie nirgendwo fertig bekommen, sondern selbst zubereiten müssen. Aber es lohnt sich auf alle Fälle!

Bei regelmäßiger Anwendung lassen sich damit spektakuläre Erfolge erzielen. Doch auch hier gilt wie immer: Vor dem Erfolg ist Konsequenz gefragt, und natürlich (schon wieder!) Geduld!

Doch die Mühe lohnt sich auf alle Fälle, und vielleicht sind Sie davon selbst so begeistert, daß Sie diese Creme auch Ihrer besten Freundin weiterempfehlen (und nur ihr! ...).

Sie benötigen :

- 5 kleine Zwiebeln, kleingeschnitten und weichgekocht
- 1 TL gemahlenen Ingwer (vorzugsweise frischen, den Sie selbst mahlen oder reiben, aber Sie können natürlich auch Ingwer aus dem Gewürzregal verwenden, falls Sie keine Lust/Zeit haben, ihn sich frisch zu mahlen!
- 1 TL gemahlenen Kardamom.
- 2 - 3 TL Waldhonig (hat eine wunderbar dunkle Farbe!)
- 50 ml Rosenwasser – entweder aus der Apotheke oder – falls Sie zu jenen Leuten gehören, die sich nach Möglichkeit alles selbst zubereiten wollen – siehe unten.[1]

---

1) Rezept für frisch zubereitetes Rosenwasser, das mir einst eine freundliche, alte Dame verraten hat.
Sie benötigen insgesamt 5 Tassen (normale Kaffeetasse) Rosenblätter und verfahren wie folgt:
1 Tasse Rosenblätter aus dem Garten (ungespritzt!) oder Wildrosenblätter, vorzugsweise bei Neumond und sonnigem Wetter gepflückt, (dürfen nicht nass sein!)
Die Rosenblätter in der Tasse mit Wasser übergießen, bis diese bedeckt sind, dann in einen kleinen Topf schütten, Deckel drauf und ca. 30 Minuten köcheln lassen. Danach absieben und abermals eine Tasse Rosenblätter in den aufgefangenen Sud schütten, zurück in den Topf geben und abermals köcheln lassen. Diesen Vorgang insgesamt viermal wiederholen! Den Sud bei geschlossenem Deckel abkühlen lassen – danach in eine saubere, dunkle Flasche füllen und im Kühlschrank lagern – schnell verbrauchen – so wie hier für dieses Rezept!

- 50 ml Milch
- 10 g Bienenwachs (Apotheke)
- 25 g Lanolin ahydrid (Apotheke), alternativ hierfür können Sie selbstverständlich auch Schmalz verwenden, oder Salbengrundlage aus der Apotheke.

Die Zutaten miteinander vermengen (verquirlen) und in einen Tiegel aus Glas, Plastik oder Porzellan abfüllen.

Diese Schönheitssalbe wird sorgfältig in die Problemzonen einmassiert, nachdem Sie Ihre Haut „ordentlich" mit einem Massagehandschuh oder einer Bürste bearbeitet (vorausgesetzt natürlich, Sie haben keine Probleme mit den Venen oder die Tendenz zu Thrombosen!) und die betroffenen Hautpartien abwechselnd mit warmen und kalten Wasser abgeduscht haben.

Im Idealfall haben Sie nach dieser Behandlung noch eine Stunde Zeit, um sich hinzulegen und bei angenehmer Musik zu entspannen. Oder aber Sie verwenden die Anti-Zellulitis-Creme direkt vor dem Schlafengehen.

Achtung!

Alten Schlafanzug anziehen und/oder Handtücher ins Bett legen – wegen der Flecken, die diese Creme verursacht, die sich allerdings wieder auswaschen lassen.

Sie können auch, während die Creme einzieht, ein wenig meditieren und sich dabei bildhaft vorstellen, wie diese Creme positiv auf die unschönen Dellen in Ihrer Haut einwirkt und diese Dellen nach und nach von der Oberfläche Ihrer Haut verschwinden läßt. Die Kraft der Gedanken ist immens und wird den Einwirkungsprozeß auf wirkungsvolle Weise unterstützen, denn ein entspannter Körper und die „richtigen" Gedanken machen Sie sehr viel aufnahmefähiger für positive Einflüsse von innen oder außen!

Wie Sie die Schönheitssalbe richtig einarbeiten!

Beim Auftragen auf Oberschenkel oder Bauch bitte immer auf kreisförmige Bewegungen im Uhrzeigersinn achten, weil diese Methode noch dazu über einen zusätzlichen Drainage-Effekt verfügt!

Die Salbe hält sich ca. drei bis vier Tage im Kühlschrank!

Der s i e b t e Schritt

Das Schönheits-Zellulitis-Bad!

Das Schönheitsbad, das zu Recht, wie ich glaube, diesen Namen verdient, wird Ihnen nicht nur dabei helfen, Zellulitis-erzeugende Schlakken und andere Giftstoffe über die Haut wieder auszuscheiden und gleichzeitig die Haut zu durchbluten - was sich bei dieser Form von Kur natürlich sehr vorteilhaft auf die unschönen Hautpartien auswirkt, denn eine regelmäßig gut durchblutete Haut ist der Feind der Zellulitis - sondern Ihnen gleichzeitig auch die heilenden und wohltuenden Substanzen aus den Kräutern über die Poren der Haut zuführen!

Das ist absolut kein Widerspruch, wenn man weiß, daß einerseits durch den Kräutersud Schlacken und Giftstoffe über die Haut ausgeschieden und andererseits gleichzeitig wichtige Wirkstoffe über die Haut aufgenommen werden.

Kräuter wirken immer auf mehrfache Weise auf den Körper!

Achtung! Sollten Sie Herz-Kreislauf- oder Venen-Probleme haben, beraten Sie sich bitte vorher mit Ihrem Arzt oder Heilpraktiker, denn diese Bäder könnten in diesem Fall zu anstrengend sein oder überhaupt schlecht vertragen werden.

Sollte das bei Ihnen zutreffen, können Sie noch immer auf das leider schon etwas in Vergessenheit geratene Fußbad zurückgreifen, das ebenfalls sehr wirkungsvoll dazu beitragen wird, den Kampf gegen die Zellulitis zu unterstützen.

Wie funktioniert dieses Schönheitsbad und was brauchen Sie dazu?

Sie benötigen pro Bad ungefähr 200 - 300g Kräuter!

Eine optimale Wirkung erzielt man mit den sogenannten Heublumen (Apotheke/ Reformhaus), aber Sie dürfen sich natürlich Ihr ganz persönliches Kräuterbad zusammenstellen! Doch berücksichtigen Sie auch hierbei: Falls Sie selbst gesammelte Kräuter verwenden, beschränken Sie sich auf maximal drei verschiedene Sorten!

Geben Sie die Kräuter (frische oder getrocknete) in einen Topf mit mindestens 2 l Fassungsvermögen, bringen Sie das Gemisch aus Kräutern und ca. 1 ½ l Wasser zum Kochen und lassen Sie die Mischung danach noch ½ bis ¾ Stunde bei geschlossenem Deckel ziehen!

Dann fügen Sie 5 EL Honig hinzu und schütten den Sud ins Badewasser – ohne irgendwelche chemischen Zusätze!

Das warme Vollbad - die Temperatur hierfür beträgt idealerweise 36 - 38°C – stellt alles in allem betrachtet keine unnötige Strapaze für den gesunden Körper dar.

Allerdings sollte man sich auf zwei bis drei dieser wohltuenden und sehr hilfreichen Kräuterbäder pro Woche beschränken und die Badedauer von ungefähr 10 – 20 Minuten (je nach Wohlgefühl) nicht überschreiten!

Hinterher ist ein kurzer, kalter Guss mit der Handbrause sehr empfehlenswert, bitte besonders intensiv im Bereich der „Problemzonen"! Danach – falls zeitlich möglich – mindestens eine halbe Stunde ruhen, meditieren oder schlafen.

Auf heiße Bäder sollten Sie Ihrem Herz und Kreislauf zuliebe verzichten, außerdem strapazieren heiße Bäder die Haut unnötig stark, sie wird davon ganz bestimmt nicht schöner – höchstens trockener.

Alternativ zum Kräuterschönheitsbad das **Fußbad:**

Hierfür taucht man beide Beine bis über die Waden in ein Gefäß (zum Beispiel einen Eimer), gefüllt mit warmem Wasser (die Temperatur hierfür ebenfalls wie beim Bad 36 - 38°C), dem man den Kräutersud vorher hinzugeben hat.

Die hierfür benötigte Kräutermenge:

Ca. 100 g auf 1 l Wasser

Zubereitung wie Kräuterbad!
Dauer 10 – 20 Minuten!
Hinterher ebenfalls ruhen!

An dieser Stelle möchten ich noch darauf hinweisen, daß auch ein Fußbad große Wirkung auf den Körper zeigt, denn auch – oder gerade über die Fußsohlen – werden heilende Stoffe hervorragend aufgenommen und umgehend zu den „bedürftigen" Organen weitergeleitet.

Das glauben Sie nicht ?

Dann empfehle ich Ihnen folgenden Test, der Sie vom Gegenteil überzeugen wird!
Nehmen Sie eine frische, geschälte Knoblauchzehe und reiben Sie damit Ihre Fußsohle ein! Oder, falls Sie den würzigen Geruch frischen Knoblauchs ganz und gar nicht leiden mögen, nehmen Sie einige Tropfen Eukalypthus-Öl und reiben damit einen Teil der Fußsohle ein!
Wetten, daß binnen der nächsten halben Stunde bis Stunde Ihr Atem nach diesem ätherischen Öl riechen wird?

Damit wollte ich Ihnen lediglich demonstrieren, wozu der menschliche Körper imstande ist.

Und noch einige Tips zu den Kräutern:

Falls Sie zu den glücklichen Menschen zählen, die einen Garten, eine Terrasse oder einen Balkon besitzen, um dort Heilkräuter zu pflanzen, möchte ich Ihnen noch sagen, wann, wie und unter welchen Bedingungen Sie diese sensiblen Pflanzen ernten können, um die Heilwirkung möglichst gut zu erhalten.

• Ernten Sie Blütendrogen am Vormittag – möglichst am Tage des Neumondes!

• Ernten Sie die Blütendrogen auch nur dann, wenn diese völlig trocken sind – niemals nass!

• Kraut- und Blattdrogen ernten Sie am Nachmittag, denn da ist der „Gehalt" an Heilkraft am höchsten! Ebenfalls bei abnehmenden Mond.

• Wurzeldrogen müssen sofort gewaschen und dann sofort zerkleinert in die Sonne zum Trocknen gelegt werden. Das Trocknen sollte bei 35 – 40°C erfolgen!

• Wurzeldrogen sollten möglichst bei zunehmendem Mond gesammelt werden, denn dann verfügen sie über die bestmöglichste Heilkraft

So weit, so gut. Ich habe Ihnen noch eine Erklärung zum kinesiologischen Test versprochen – hier ist sie:

Der Kinesiologische Test!

Was ist Kinesiologie?

Wenn Sie bisher schon einmal bei einem Chiropraktiker, naturheilkundigen Arzt oder Heilpraktiker in Behandlung waren, haben Sie dort die Kinesiologie vielleicht bereits kennengelernt.

Kinesiologie ist ein Muskeltest, sehr einfach in der Anwendung und äußerst exakt in der Beurteilung dessen, ob etwas gut ist für Sie – oder nicht!

Dabei wird zwischen dem elektrischen System unseres Körpers und der Muskulatur eine Art „Verbindung" hergestellt. Das kann immer und zu jeder beliebigen Zeit geschehen! Wenn wir nun mit irgendwelchen negativen Energien konfrontiert werden, in welcher Form auch immer, zum Beispiel mit für uns fremden Energien, Gegenständen, Nahrungsmitteln, Medizin usw., die sozusagen unsere innere Harmonie oder Gesundheit aus dem Gleichgewicht bringen könnten, dann sind unsere Muskeln, wenn man Druck auf sie ausübt, nicht imstande, ihre vorher vorhandene Kraft zu bewahren!

Beispiel:

Ein Heilpraktiker fordert Sie auf, Ihren Arm seitlich auszustrecken (waagerecht!). Dann legt er seine Hand auf Ihren Arm. Bevor er nun damit beginnt, Ihren Arm herunterzudrücken, fordert er Sie auf, gegenzudrücken.

Also: Er versucht, Ihren Arm nach unten zu drücken, während Sie versuchen, den Arm in der Waagerechten zu halten, indem Sie mit aller Kraft dagegendrücken.

Jetzt weiß er, wieviel Energie in diesem Augenblick in Ihnen/Ihrem Körper vorhanden ist.

Dann drückt er Ihnen beispielsweise ein Kraut, Medikament oder etwas anderes in die andere Hand und fordert Sie auf, diesen Stoff oder Gegenstand (der nicht von Plastik umgeben sein darf, weil Plastik isoliert) mit der Hand zu umschließen und diese Hand unverkrampft in Höhe des Solarplexus leicht an Ihren Körper zu legen. Dann fordert er Sie abermals auf, den Arm (nicht der, auf dessen Seite Sie den Gegenstand festhalten!) waagerecht auszustrecken und beginnt wieder Druck darauf auszuüben, während Sie gegendrücken sollen.

Und jetzt die entscheidende Frage:

Ist das, was er Ihnen gegeben hat, gut für Sie und Ihre Gesundheit, oder nicht?

Wenn ja, wird er Mühe haben, Ihren Arm nach unten zu drücken. Also ist dieses Mittel, oder was immer Sie in der Hand halten, positiv für Sie bzw. Ihr Energiefeld!

Fällt aber Ihr Arm beim Druck auf Ihren Arm nach unten und Sie können beim besten Willen nichts dagegen tun (durch Gegendruck), so ist das, was man Ihnen in die Hand gab, für Sie und Ihre Gesundheit – oder für Sie und Ihr körpereigenes Energiefeld – absolut nicht geeignet!

Probieren Sie diesen Test am besten gleich einmal aus, sofern Sie jemanden zur Verfügung haben, der Ihnen hierbei behilflich ist. Sie können auf diese Art und Weise beinahe alles, was Sie möchten, „austesten" - egal ob es sich um Steine, Mineralien, Medizin, Getränke, Lebensmittel, Zigaretten und so weiter handelt. Und Sie werden staunen, was Ihrem Körper gut tut und was nicht! Und seien Sie bitte nicht enttäuscht, wenn Ihr Körper in einigen Punkten so ganz anderer Meinung ist als Sie!

Nicht alles, was uns gefällt, schmeckt, sympathisch ist und in unseren Augen bekömmlich und positiv erscheint, muß positiv und bekömmlich für unseren Körper sein ...

*****

Und hier noch einige Tips, die Ihnen bei Ihrer Anti-Zellulitis-Kur helfen werden:

Lysin – der Fettverbrenner!

Essen Sie während der Zeit der Anti-Zellulitis-Kur möglichst viele Lebensmittel, die Lysin enthalten. Dazu gehören alle Milchprodukte, mageres Fleisch und magerer Fisch. Diese Nahrungsmittel tragen dazu bei, die Fettverbrennung anzukurbeln und beschleunigen den Muskelaufbau. Noch dazu sorgt diese Eiweißsubstanz dafür, daß Ihre Haut schön glatt wirkt.

Taurin – ebenfalls ein wirkungsvoller Fettverbrenner!

Ihr Körper kann durch die regelmäßig verzehrten Lebensmittel wie mageres Geflügelfleisch und Milchprodukte vier mal soviel Fett verbrennen als sonst, da diese Produkte besonders viele Aminosäuren enthalten, die die Fettverbrennung im Körper auf Trab bringen!

Methionin – noch ein Fettverbrenner

Durch **Methionin** wird überschüssiges Fett leichter abtransportiert!

Essen Sie daher möglichst viele Zwiebeln, egal in welcher Form, Knoblauch, falls Sie der Geruch nicht stört, und Bohnen in allen erhältlichen Varianten, denn die darin enthaltenen Aminosäuren sorgen ebenfalls für eine beschleunigte Fettverbrennung und eine möglichst schnelle Ausscheidung der schädlichen Fettsäuren.

*****

Zu guter Letzt ...

Bevor Sie nun damit beginnen, die eine oder andere Rezeptur auszuprobieren – egal ob Sie Ihre Zellulitis, Ihren Teint oder Ihre Haare in „Angriff" nehmen wollen –, denken Sie bitte immer daran, die „richtigen Gedanken" in Ihre Arbeit zu legen. Gedanken sind, wie Sie ja bereits wissen, wirkungsvoller als jede Magie und können sehr hilfreich sein bei allem, was Sie tun!

Vielleicht haben Sie schon einmal gehört, daß ein Kuchen ganz besonders dann gut gelingt, wenn man ihn mit Liebe und eben solchen Gedanken rührt!

Nicht anders verhält es sich mit Tees, Salben, Cremes oder anderen kosmetischen Mitteln. Denken Sie also bei der Herstellung Ihrer Mittel immer ganz genau das in die Produkte „hinein", was Sie von diesen letztendlich erwarten. Und im Verlauf der Zeit werden Sie sehr wohl spüren und sehen, wie wirkungsvoll diese Methode ist, - und d a n n werden Sie zur wahren Zauberin in der Hexenküche, und eine magische Ausstrahlung, der sich niemand entziehen kann, wird Sie für alle Ihre Mühe entlohnen.

Also, nur zu: Entdecken Sie das alte Wissen, das in Ihnen steckt, und erwecken Sie es zu neuem Leben!

Statt eines Nachworts ...

Nun, liebe Leserin, ich habe Ihnen (fast) alle meine Tips aus der Hexenküche verraten – und bevor ich Sie nun in die Praxis entlasse, gestatten Sie mir bitte, noch einige Gedanken zu Papier zu bringen, die vielleicht auch Sie zum Nachdenken anregen:

Zweifelsohne besitzt jede Pflanze – egal ob es sich hierbei um ein Heilkraut handelt oder nicht – eine Seele, wie wir Menschen und die Tiere! Diese zarten Geschöpfe, die uns Menschen seit Anbeginn der Zeit hier auf unserem Planeten so hilfreich zur Verfügung stehen und deren jede (!) einzelne Zelle atmen kann, standen schon in längst vergangenen Zeiten immer wieder im Mittelpunkt der Magie der Hexen, Schamanen oder Naturheilkundigen, oder wie auch immer man diese weisen Männer und Frauen einst nannte.

Jene Pflanzenkundigen also, die den „Zauberglauben" vertraten und oftmals dafür mit ihrem Leben bezahlten, wußten um die vielseitigen Verwendungsmöglichkeiten ihrer Kräuter, und wußten auch, daß man mit diesen Gaben der Natur nicht nur auf beeindruckende Weise in das Leben eines kranken Menschen einzugreifen vermochte, indem man ihm half, seine Gesundheit wiederzuerlangen, sondern daß man sogar auf das Denken und in Handlungsweise ganzer Völker einwirken konnte – und das viele Jahrtausende lang!

Doch das, was man zu jener längst vergangenen Zeit als Quelle des „Übernatürlichen" bezeichnete, weil sich das „gemeine Volk" eine Heilung durch die Kraft der Kräuter nicht logisch erklären konnte, all das wurde nach und nach zu einer Quelle des Natürlichen!

Heute nennt man diese Pflanzenkundigen, die das Wissen um die Heilkraft der Kräuter nicht nur vor dem Vergessen bewahren, sondern es, als die Zeit reif war, zurück ans Tageslicht holten und inzwischen wieder zum Heilen von Kranken einsetzen – nicht mehr Zauberer und Hexen, sondern Heilpraktiker, Homöopathen und Phytotherapeuten. Diese Vertreter der alten Kunst, die heute das „Zaubern mit den Heilkräutern" noch immer - oder wieder - beherrschen, machen durch ihre nicht mehr zu leugnenden Erfolge auf sich aufmerksam.

Jedenfalls bin ich sehr froh darüber, daß viele der gesundheitlich Geschädigten sich heute mehr und mehr den natürlichen Heilweisen zuwenden - denn wer außer Mutter Natur selbst vermag das gestörte Gleichgewicht von Seele, Körper und Geist auf so sanfte Weise wieder in harmonischen Einklang zu bringen?

Über die Autorin

Melissa H. Bónya wurde am 24.10.1955 in Kansas City, Kansas, USA, geboren und lebt heute mit ihrem Mann in Ungarn nahe der österreichischen Grenze.

Sie arbeitet als Reinkarnationstherapeutin und Jenseitskontakterin, hält Vorlesungen über diese Themenbereiche und schreibt Bücher zu diesen und ähnlichen Themen (bereits mehrere Veröffentlichungen, weitere Titel in Vorbereitung, zum Teil gemeinsam mit ihrem Mann André).

Melissa Bónya

Die schlanke Hexenküche

128 S., brosch. ISBN 3-934254-21-7

Pfunde einfach wegzaubern, wer wünscht sich das nicht. Wohlfühlgewicht ohne Jojo-Effekt – im Einklang mit der Natur, so wie es die Kräuterfrauen in früherer Zeit praktiziert haben. Altes Wissen, die schlanke Hexenküche, von Melissa Bonya wiederentdeckt, mit Kräutern, Wurzeln, Steinen, Ritualen, Visualisierungen und Meditationen – und mit der Hilfe des Mondes.

Ein Buch, das ganz besonders Frauen anspricht, sind sie es doch, die dieses uralte Wissen seit Jahrhunderten in sich tragen.

Hexenmärchen

Aufgespürt und zusammengestellt von Melissa Bónya

64 S., geb., 3-934254-26-8

„Bezaubernde" Märchen über die weisen Frauen – u. a. von Wilhelm Busch, Hermann Löns, den Gebr. Grimm, Paul von Heyse, u.a. .

Die Magie des Mondes

Geheimnisse und Gesänge für die Göttin
– aus den Schriften von Dion Fortune aufgespürt von Marina Grünewald
64 S., geb. ISBN 3-926374-67-5

Wer in die Geheimnisse der Seepriesterin eintauchen möchte, wer die Gesänge für Isis intonieren will, der findet in dieser kleinen Mondmagie die Lieder, Rituale und geheimen Aufzeichnungen von Lilith oder Morgan le Fay. Sie alle waren Dion Fortune – und Dion Fortune war sie alle!

Lernen Sie die Riten, gestalten Sie Ihren Tempel, führen Sie die geheimen Dialoge mit der Göttin, mit den Göttinnen, begegnen Sie Ihrer Hohepriesterin und kehren Sie zurück, reicher an Wissen und Kraft!

Varuna Holzapfel

Das Hexeneinmaleins –
Weg einer Einweihung

128 S. brosch. ISBN 3-926374-54-3

Du mußt verstehn! Aus Eins mach´ Zehn, ...
Das Hexeneinmaleins ist ein uralter schamanischer Einweihungsweg und wurde im Mittelalter verschlüsselt, um ihn vor der Inquisition zu retten. Bei ihrer schamanischen Einweihung sah die Autorin in einer Vision ein geöffnetes Buch vor sich – die Lösung dieses uralten Rätsels.

Varuna Holzapfel
Einweihung in das Hexeneinmaleins

128 S. brosch. ISBN 3-926374-55-1

Praktisches Arbeiten mit dem Hexeneinmaleins im Kreislauf des Lebens: Geburt, Wasserweihe, Visionssuche, Einweihung in einen Geheimbund, heilige Hochzeit, Schwangerschaft u.v.m. Zeremonien und Rituale zur Einstimmung auf die Feste begleiten die einzelnen Abschnitte.

Bertram Wallrath
Das keltische Baumhoroskop (Originalfassung)
Magie und Heilkunde der alten Druiden

160 S., mit zahlr. Abb., brosch., ISBN 3-926374-45-4

Das keltische Baumhoroskop zeichnet menschliche Eigenschaften in ihrer Zuordnung zu unseren Bäumen als faszinierende Alternative zu den uns vertrauten Tierkreiszeichen. Diese Umsetzung kannten bereits die Duiden im alten gallischen Frankreich, denen, wie uns heute erneut, die Bäume näher waren als die Sterne.
Darüber hinaus werden das druidisch-magische Heilwissen und seine Anwendung für den Alltag wiederentdeckt. „Der Apfelbaum – die Liebe" (23. Dezember bis 1. Januar und 25. Juni bis 4. Juli) oder „Die Haselnuß – das Außergewöhnliche" (22. bis 31. März und 24. September bis 3. Oktober).
Mit zahlreichen mittelalterlichen Rezepten und Abbildungen.

Patricia Monaghan
Magische Gärten
Aus dem Amerikanischen übertragen und bearbeitet von
Gina Hellmann
240 S., Großformat, gebunden, ISBN 3-934254-15-2

Patricia Monaghan ist Pionierin der spirituellen Frauenbewe-
gung und Autorin einer Reihe Bücher zu diesem Thema, u.a.
dem *Lexikon der Göttinnen.*
Magische Gärten zeigt Ihnen, wie Sie einen kleinen unschein-
baren Acker in einen magischen Garten verwandeln können
und macht Sie nicht nur mit den praktischen Aspekten, sondern auch mit dem Mythos des Gärtnerns vertraut; verrät Ihnen Tips zur Pflege des Bodens; bringt Gartenrituale und Zeremonien; Meditationen für die Jahreszeiten und die "alten
Wege"; hilft Ihnen, Ihren Garten zu weihen; veranschaulicht
Pflanzen-Archetypen und –devas; läßt sie den spirituellen Gewinn der Gartenarbeit entdecken; und enthüllt Ihnen schließlich sechzehn phantasievolle Gartenpläne, mit denen
Sie den Garten Ihrer Träume schaffen können: Die Einhornwiese, Bastets Katzengarten,
zwei Drachengärten, einen Feengarten, einen Hexengarten und viele andere.
Ein wichtiger Beitrag zu der Art und Weise, wie wir mit unserer Mutter Erde umgehen
können. Mit zahlreichen Abbildungen.

Leah Levine
Licht und Schatten der Magie
- Wege für ein magisches Leben

196 S. brosch., ISBN 3-926374-65-9

Licht und Schatten der Magie ist die kritische Ausei-
nandersetzung mit theoretischen und praktischen For-
men der Magie. Die Autorin ist seit 19 Jahren prakti-
zierende Magierin und Hexe und hat in dieser Zeit viele Aspekte ihres Genres kennengelernt. Das Buch bietet Wege in die magische Praxis mit vielen Ritualen
und Anrufungen.

Draja Mickaharic
Magia – Handbuch für geistigen Schutz

128 S. brosch. ISBN 3-926374-34-9

Dieses Buch zeigt, wie man sich auf einfache, aber
wirkungsvolle Weise energetisch schützen und sich
und seine Umgebung von negativen Schwingungen
reinigen kann.

Leahs Liebeszauber

Ausprobiert und für gut befunden von Leah Levin
64 S., DIN A 6, geb., ISBN 3-926374-76-4

Leah Levine, bekannt aus Funk und Fernsehen, weiht uns in die Geheimnisse der Magie der Liebe ein – Kerzenzauber für die Liebe, Harmoniezauber in Partnerschaften, Trennungszauber, Zauber gegen Fremdgehen usw. – ein wahrlich zauber-haftes Buch über das schönste Thema der Welt.

Leahs Alltagszauber
ausprobiert und für gut befunden von
Leah Levine
64 S., geb. ISBN 3-926374-94-2

Leah Levine, zeigt, wie einfach wir uns im Alltag selbst helfen können, um uns die kleinen Alltagsschwierigkeiten vom Hals zu halten und so manch' größeres Problem mit zielgerichteter Beeinflussung zu steuern.
Die Stille finden; Meditation auf Bilder und Klänge; die Erschaffung der anderen Realität; der Weg in die Anderswelt; Orakelmethoden; die Magie der Steine und Kerzen; magische Feste u.v.m.

Die magische Katze
Gezähmt und bewundert von Leah Levine
64 S., geb. ISBN 3-934254-09-8

Für Leah Levine ist die Katze das magischste Tier überhaupt und oft eine treue Begleiterin bei magischen Arbeiten, denn oft genug in ihrer mythologischen Geschichte hat die Katze bewiesen, daß sie viele Zauberfähigkeiten besitzt. Geliebt – gehaßt, vergöttert und verteufelt – die Katze hat alles erlebt und überlebt. Lernen wir doch von ihr!

Schwestern der Großen Göttin
ausgewählt und vorgestellt von Marina Grünewald

128 S., geb., mit zahlr. Schwarz-Weiß Abb.,
ISBN 3-926374-84-5

Alles begann mit der Großen Göttin. Die uralten matriarchalischen Religionen und Kulturen gebaren immer neue Göttinnen – die Schwestern der Großen Göttin. Heute gibt es keine neuen Göttinnen mehr, und so schauen wir sehnsuchtsvoll zurück und erinnern uns an die Erdgöttinnen und Himmelsköniginnen vergangener Zeiten, u.a. Ischtar, die Königin der Himmel über Babylon; Ursula, Heilige und keltische Bärengöttin; Sara la Kali, die schwarze Göttin der Zigeuner; Mutter Meera, die jetzige Inkarnation der göttlichen Mutter.

Schamaninnen
Ausgewählt und vorgestellt von Marina Grünewald

128 S., geb., mit zahlr. Schwarz-Weiß Abb.
ISBN 3-926374-78-0

Helfen mit Hilfe der Götter in Trance und Ekstase, oder durch das geheime Wissen vom Wesen der Natur. So lebten und wirkten die Schamaninnen in alten Zeiten und der Gegenwart. Sie sind die leuchtenden Vorbilder für alle Menschen, die anderen helfen wollen, zum Beispiel:
Frau Holle, die große Wettermacherin; Baba Yaga, die alte Frau des Herbstes; Dina Rees, die Mutter der Schamaninnen; Maria Sabina, die Stimme der heiligen Pilze; Johanna Wagner, die weiße Mganga, u.v.a.

Heilerinnen
Ausgewählt und vorgestellt von Marina Grünewald

128 S., geb., mit zahlr. Schwarz-Weiß Abb.
ISBN 3-926374-89-6

Die weisen Frauen und Priesterinnen waren zu allen Zeiten stets auch Heilerinnen. Überlieferte Kenntnisse über Pflanzen, Kräuter und Tinkturen unterstützten ihr sanftes Wissen um Geburt, Krankheit und Tod – oft auch gegen die patriarchalische Medizin. Heute entdecken wir sie wieder, zum Beispiel: Trotula, eine Ärztin im Mittelalter, Mashudu, die weiße Zauberheilerin; Florence Nightingale, u.v.a.

Bitte fordern Sie unser kostenloses Verlagsverzeichnis an:

Smaragd Verlag
In der Steubach 1
57614 Woldert (Ww.)
Tel: **02684.978808**
Fax: **02684.978805**
E-Mail: Smargd-Verlag@t-online.de
www.smaragd-verlag.de

Oder besuchen Sie uns im Internet unter der obigen Adresse.